為什麼你無法真正的快樂

運用選擇的力量，找出你的人生使命，成就真實的自己

Happiness Is the Way

How to Reframe Your Thinking and Work with What You Already Have to Live the Life of Your Dreams

偉恩・戴爾 博士 著　李寧怡 譯
Dr. Wayne W. Dyer

當你改變看待事物的方式，你看著的事物就會發生改變。

——偉恩・戴爾

目次

前言

至少有二十五年的時間，我幾乎每天都和偉恩．戴爾談話。他是我的摯友。盡可能讓他的作品持續被看見、造福他人，是我的個人目標，對我而言也意義深重。

雖然偉恩已於二〇一五年八月三十日離開了這個物質宇宙，但他永遠陪伴著我。我用紙筆寫這篇前言，像他寫大多數作品時一樣。此時我體內的悸動，皮膚上起的雞皮疙瘩，都讓我感覺他就在現場。《為什麼你無法真正的快樂》是由偉恩在奈丁蓋爾柯南網站[1]（Nightingale-Conant）上的有聲頻道改寫而成。這麼多年來，很多人熱愛收聽這一系列的錄音，但這個系列也讓我在剛遇到偉恩時陷入大麻煩。

1 奈丁蓋爾柯南（Nightingale-Conant），美國音頻節目製作公司，成立於一九六〇年，目標是幫助人們自我成長，網站上提供付費有聲頻道與影片。

當時，「海伊書屋」（Hay House）在紐約麥迪遜廣場花園的派拉蒙戲院辦了一次研討會，名為「眺望未來」（Vision of the Future）。門票全部售罄，大約有六千人參加。偉恩・戴爾和露易絲・海伊及幾位其他老師一起現身。偉恩很興奮，因為他在紐約聖若望大學（St. John's University）教書時，就夢想能登上麥迪遜廣場花園演說。

偉恩帶著他的妻子瑪西一起出席，慶祝這場盛會。偉恩的演說一如既往地精彩，結束之後，聽眾衝到售書櫃檯想買書請他簽名，但我們只有奈丁蓋爾柯南套裝錄音帶可賣。當時偉恩已經好幾年沒寫新書，之前的著作都是針對大眾市場販售的平裝本，定價僅六美元（《為什麼你無法真正的快樂》則是七美元。）海伊書屋還不是他的出版商，採購這些書來賣並沒有賺頭。所以我們決定只帶每套六卷、定價五〇美元的錄音帶套組。

前來聆聽演說的聽眾對此並不滿意，於是他們跑到麥迪遜花園附近的報攤和書店去買偉恩的書，再帶回來請偉恩簽名。他們也告訴偉恩，他們如何大費周章才買到他的書。

研討會結束後，我在當天的下榻飯店，走上樓梯時迎面遇上正要下樓吃晚餐的偉恩和瑪西夫婦。就在那一刻，我聽到他向瑪西說：「我只想知道，這個他X的瑞德・崔西到底是誰，他們說是他決定不帶我的書到研討會來賣。我是作家，我演講的時候，一定要讓聽眾在現場買得到我的書。」

當然，當時我並沒有攔下偉恩，告訴他我就是瑞德。很幸運地這件事就這樣過去了，我們在海伊書屋又出版了很多偉恩的書。在那次紐約研討會之後，我們在全世界各地為偉恩辦了數百場演講活動，而且，活動現場必定能買到他的書。

以一段長久關係來說，這樣的開始並不尋常，但這卻是偉恩的典型作風：他總是願意給別人第二次機會。

我和偉恩成為朋友後，幾乎每天都通電話、或在海伊書屋的活動中交談。和家人度假或週末時，只要電話響起，我太太克莉絲緹娜就會說：「應該是偉恩吧，快接起來跟他聊聊吧。」

後來，克莉絲緹娜和偉恩合作，根據他的著作創作了一系列童書，其中包括登上紐約時報暢銷書的《了不起的你！》（*Incredible You!*，暫譯）

閱讀《為什麼你無法真正的快樂》時，我彷彿聽到偉恩讀著每一個字，也想起他多麼擅長說故事，而我有多麼想念每天和他談天的日子。

願你和我一樣，徜徉在偉恩的不朽智慧中。

——瑞德・崔西（Reid Tracy，海伊書屋CEO）

本書介紹

當你改變看待事物的方式，你看著的事物就會發生改變。

這是偉恩．戴爾常說的一句話，我們在出版這本書的過程中，也深受這句話啟發。這本書的內容，取自偉恩長年向各種不同聽眾發表的演說和簡報。我們發現，他一再講述的不外幾個主題。在這本書中，這些主題反覆交織。

本書的第一部會先詳述你的態度、選擇、期望，對生命帶來的影響，引導你明白自己可以學會「用能力回應」人生的各個面向，繼而感受到自己擁有更強大的力量。第二部會探討「成功」這個概念，告訴你西方世界對成功的看法有多落後。你也會知道無論面對何種挑戰，你都可能遠比自己以為的還要成功。第三部探索個人任務的重要性，也會討論一些特定問題，幫助你擘劃出通往夢想生活的道路。

建議你閱讀時帶著一本筆記，寫下可供日後回顧的想法。每一章都附有筆記練習，幫助你吸收書中的訊息。如此一來，你就能學到偉恩所說的，「通往趣味橫生、健康快樂生活的全新途徑」。

偉恩熱愛與人談話——無論是海伊書屋的編輯團隊、他演講時的廣大聽眾、或只是他在夏威夷茂宜島住家附近海灘散步時遇到的人。他的態度始終如一：真誠、睿智、風趣、充滿關愛。他自有一套吸收觀點的方式，既深刻又平易近人，而他又用講述尋常道理的方式來傳達這些觀點，因此無論聽眾是誰，都能充分理解。但他也從他人身上獲益良多，他曾說：「我遇見的每一個人，都是一部小說。」他認為，每個人都能和他教學相長；他深深感覺，每個人的內在都藏著能達成卓越成就的種子。

偉恩將讓你知道，要達成你想要的人生，沒有魔法靈藥。你想要或需要的一切，都能從你的內在找到——你只需學著重新架構你的思想。無論現在置身何種環境，你都有力量克服。他曾說：「快樂不是生命中的車站，不是一個要抵達的地方。它是你行進的方式，它是你走過腳下道路的態度，帶著心中的愛走出每一步。」改變你看待事物的方式，能在你前行途中幫助你，最終讓你達到開悟的境界。

我們非常想念偉恩，但也很開心有他的話語留下來慰藉我們、啟發我們、讓我們會心一笑。希望這本書也能幫助你有同樣的感受。

——海伊書屋編輯團隊

第一部

用能力去回應

祕密在於你著重何者：

我們不是讓自己悲慘過活，就是讓自己快樂度日。

要付出的努力是一樣的。

——秘魯作家卡洛斯・卡斯塔尼達（Carlos Castaneda）[2]

---

[2] 卡洛斯・卡斯塔尼達（Carlos Castaneda），秘魯裔美國作家、人類學家，最著名的作品為唐望系列，內容描述他遇到薩滿巫師唐望，並因此受到薩滿教的訓練與教導。但唐望是否真有其人，這問題持續受到質疑，頗具爭議。

第1章 態度最重要

我畢生有大半時間都在研究人類的行為。無論是攻讀博士時期、擔任教授和諮商師時期、或在我寫書時，我似乎都一而再、再而三回來討論人類行為這個主題。這些過程中，我發現數百年來有大量書籍探討快樂，以及人類對快樂的追求。許多人畢生追求快樂，以為能在某件事或某個人身上找到快樂。但這是根本上的錯誤。我逐漸發現，快樂取決於我們自己，它來自我們思考的方式。

快樂是一個源於內心的概念。也就是說，只要你決定擁有快樂，就能擁有快樂。如果你心中有快樂，就能把快樂散播到你在做的每件事，散播到你的工作中，散播到你的人際關係上。無論如何，你都可以擁有快樂，不必努力嘗試得到它。

不過，關於快樂，我發現大家經常觀念錯亂。對於自己的感受或正在經歷的事，他們往往把責任推到外在事物上。他們會說：「你傷害了我的感受。你讓我感覺很差。你讓我很丟臉。你讓我今天很不開心。」他們也可能會說：「都是世界動盪讓我苦惱。都是當今坐在白宮的那個人讓我操煩。股市真的讓我心情低落。」但在地球上，這些情況是不可能發生的。沒有什麼事能真正讓一個人煩亂、憂愁或不快樂。

如果你想當一個真正快樂的人，你首先必須做的是確實內化這句話：「你生命中經歷的一切，都是你對世上萬物的感知所形成的。」換句話說，你必須為你人生的各方面負責。

對我來說，**責任**（responsibility）一詞的意義是「有回應的能力」（responding with ability），而不是「缺乏回應的能力」（responding with disability），否則這個詞應該拼成responsdisability。不，它的拼法是responsibility。我擁有能力去回應；我可以用能力去回應。它的意思就是：為你生命中發生的一切負起責任。我花了我的生命中許多年時間，努力教導大家這件事。

一顆柳橙與一盞蠟燭

花片刻時間來想想一顆柳橙吧。當你極力擠壓它的時候，會擠出什麼？當然是柳橙汁。但問題在於，為什麼擠柳橙會擠出果汁？答案是：因為它就是柳橙的內容物。

那麼，誰來擠這顆柳橙，重要嗎？怎麼擠、用什麼器具擠、在一天當中的什麼時間擠，重要嗎？不，這些都不重要。擠一顆柳橙時，會被擠出來的一定是它的內容物。與此相同，當你擠壓一個人，也就是對他們施加任何型態的壓力時，他們會憤怒、仇恨、緊張、憂愁。原因不在於誰施壓、在什麼時間施壓、或者選擇用什麼方式施壓。原因在於，那就是人內心的情緒。

如果你內心沒有情緒，那麼無論你身處何種環境，都不會冒出情緒。在高速公路上，如果有人超你的車，而你氣得不得了，這股氣憤並不來自他們超你的車，而是因為你內心本來就承載這股情緒。如果你停止承載這種情緒，那就沒有人能激怒你。我喜歡前美國第一夫人愛蓮娜．羅斯福（Eleanor Roosevelt）的一句名言：「沒有人能讓你感到自卑，除非你同意。」也就是說，沒有人能讓你沮喪，沒有人能讓你焦慮，沒有人能傷害你的感受，沒有人能讓你變成某種樣子，除非你內心允許自己變成那樣。

無論你是誰，你對每件身上發生的事都握有發言權。是你創造了這些事對你的影響。如果你在工作上和某人不合；如果你在人際關係中遇到困難，覺得自己是受害者；如果你的孩子不尊重你；都請先看著自己，問問自己：「有哪些問題出在我身上？我要如何改變才能不再覺得自己是受害者？」不要遇到情況就自動心想：「我要怎麼做才能讓他們改變？怎麼做才讓世界變得不一樣？」任何使你仇恨、煩擾、憤怒的事情，其實真正引發情緒的是你自己，你的仇恨、你的煩擾、你的憤怒，這些情緒都來自於你——它們屬於你，而非別人造成，完完全全都是你一個人的。

當你責怪生活中的某人讓你很惱怒，你真正在說的是：「只要他們更像我，我就不會這麼惱怒了。」不過，當你在開悟之路上前進時，有趣的事就會發生：如果你遇到的人做出你過去認為很惱人的事，這時你會認為那是他們的問題。那些問題不再屬於你。現在，你會以能力回應那些你看不順眼的人。你學會告訴自己：「他們是他們，他們只是用他們目前唯一知道的方式處事。所以我要這麼做：我要用我的方式回應他們，而我的方式就是愛、善意、包容。如果我擁有這些特質，就能有效應對任何人的行為，或者直接無視。無論哪一種應對方式，問題都出在他們，不在我。」

你有沒有問題並不重要。重要的是你面對問題的態度。

你看，我個人的進化已經讓我了解，我們每個人都必須為自己的內在發展負起全部責任。在庸碌人生中，我們普遍忽視了自己的內在發展。

想像一支點燃的蠟燭：如果你拿著它走出戶外，燭火很快就會被風吹熄。同樣地，你的生命會遭遇各種外在力量，讓你覺得自己內在的蠟燭（象徵你身為一個人的本質）一直被吹熄。

但是，其實你能讓自己內在的火焰熊熊燃燒，甚至不會搖曳。你身處的外在環境有可能並且將會發生各式各樣你無法控制的事：人生的風暴（例如生病、意外或任何無法預期的事件）可能在任何時刻來襲。

但你內在的燭火仍然是唯獨你才擁有的。你永遠都可以把你的世界打造成符合你所需的樣子，而不是孤立你或摧毀你的樣子。你能到達的生命最高境界或許是：了解無論外在環境如何變化，你的內在發展（以燭火為象徵）都能一直保持強大而明亮。我要再說一次「所有權」的概念：內在如何運轉，全由自己決定。明白這件事，能讓你擁有自主與自信。一切掌握在你手中。

不設限的人

我對責任與快樂的概念做了很多思考與書寫，過程中我發現世界上有三種人：第一種人的人生似乎充滿了痛苦、壓力與緊張。第二種人雖然沒那麼多痛苦和壓力，但他們仍然沒能將潛力發揮到極致。至於第三種人，我認為這個世界需要多一點這樣的人，也就是我稱之為「不設限的人」。正如其名，他們不侷限自己面對人生的能力，盡可能讓自己活出生命的最佳境界。

在自我實現與心理學領域，很多前輩都從以下這個觀點寫作：沒錯，有一些天選之人，他們確實與眾不同、非常特別。但我不認同這種觀點；我認為，覺醒的生命、活出不設限的人生，是每個人都可能做到的。我堅信任何人都能抵達人性的高地，從徹悟的層次面對人生。

我在紐約擔任諮商師與治療師期間，人們會來找我為生命中遭遇的問題尋求解答。我坐在那兒與每一個人談話時，都發生同樣的事情，無論他們是律師、家庭主婦、計程車司機，大家的問題都一樣。答案太簡單了。我常聽到：「拜託喔，你把事情講得那麼簡單。你為什麼要這麼做？根本沒那麼簡單！」但事情確實很簡單。直到今天，每當有人想把健康、快樂、完整、活躍的生命活得複雜又困難時，我總覺得很困惑。

有一回，我完成一場演講後，一位婦女前來問我：「好吧，我聽你講了一個半小時，確實感到振奮。但你老實說，難道你不曾憂愁沮喪嗎？」

我回答：「沒有，當然沒有。」

「噢，這答案還真讓人沮喪啊。」她說，「我真的以為你會說，你也憂愁沮喪過。」常有知名的心理醫生在談話節目上講這類的話：「憂愁沮喪是很自然的。覺得緊張焦慮才是正常的。會不快樂才是人性。」

這位女士希望我說出類似的話，但我根本不信有那些感覺才自然、才正常、才符合人性。我認為這只是「自我挫敗」。我們被教育成相信自己應該感到沮喪、困境、憂傷、而且生活中必然會遭遇負面的情境，但根本不是如此。

有一次我出席一個電視節目，主持人告訴我：「我知道你非常正向，但不是每個人都有你所擁有的事物。不是每個人都像你一樣好運，或像你一樣聰明。有些人在雨天出門等公車，公車怎麼都不來，然後還有人開車駛過水窪，濺得他們一身濕，你怎能期待他們在那種時刻還能積極進取？」

我說：「我認為，一個自我挫敗的人和一個不設限的人之間的差別，和他們是否遭遇困難的關係不大。地球上每一個人，在每一天的生活中都有難題要面對。我們都得在雨天裡等車；我們都得應付通貨膨脹；我們都得面對衰老、面對病痛、面對孩子讓我們失望……我們每個人都有難題。

「但是，不設限的人會用不一樣的態度去面對自己的難題。他在每一種狀況中，都會找到可能讓自己成長之處，而非將難題當作不應發生的狀況。換言之，他不會在下雨出門時說：『不該下雨的，怎麼會下雨呢？這個時節根本不該下雨，現在是三月耶，他們保證過三月不會下雨的。太不公平了，去年三月就沒下雨！』自我挫敗、自我中心的人總是在講這樣的話。」

如果你問一個不設限的人「二乘以二是多少」，他們會答：「四。」但是，相同問題拿來問自我挫敗的人，他們會說：「二乘以二等於四，但我無法忍受這個答案。為什麼答案總得是四？太無聊了。天啊，答案老是四，我已經厭倦答案是四了。為什麼答案不能偶爾是五呢？」

看出差別了嗎？我的意思是，這些人並非真的脫離現實。如果你問一個精神失常的人「二乘以二等於多少」，他們可能會說「三十七」或「十九」，或他們腦袋裡出現的任何數字。那些人並不是自我挫敗，他們是需要受到保護！

容我再舉一個例子：機場裡有一架航班誤點了。那些自我中心的人很清楚可以多憤怒，因為他們一直追蹤這類事情：「噢，天啊，又是這家航空公司！這個月他們已經誤點五次了。」如果不去記得這家航空公司本月誤點次數，他們的抓狂程度就會少五倍。如果不這樣抓狂，他們可以看一本書、認識新朋友、欣賞飛機進場、或到觀景台瞧一瞧。那些不被自我奴役的人，會起身去做各種事情，除了坐著抱怨這個世界如何又如何。

我在底特律成長，有七、八年的時間，我每天都從城市東邊開車到偉恩州立大學，有時一天要開兩三趟，每當遇到塞車我就抓狂。我經常遇到車流回堵，但我並未好好利用這段時間，而是氣憤想著：又塞車了！我就知道會塞車！但這時車流還是持續回堵，車流不會在乎我是否抓狂。無論你生不生氣，車流就是會回堵，直到不堵為止。事情就是這樣。對於交通，你別無他法。

現在的我如果遇到塞車，在抓狂之外有太多其他選擇。也許我可以開始向公路上其他人自我介紹。或是我會寫點東西、用手機解決一些信件、或聽語音課程。開車來回偉恩州立大學四年下來，都能學好一種語言了。只要準備好可讓你在通勤時學語言的教材，就能徹底學好法語或西班牙語。

你也可能用「這一切不應該發生」的態度看待塞車，然後回家對孩子吼叫。如果他們覺得奇怪：「爸爸今天是怎麼回事？」答案就是：「因為塞車。塞車讓他心裡過不去。」然後你就能去喝上三杯馬丁尼。

「他幹嘛喝這麼多酒？」

「都是塞車害的。」

「媽媽為什麼要和爸爸離婚？」

「因為塞車。都是塞車害的。」

「爸爸怎麼會得潰瘍？」

「都是塞車害爸爸得了潰瘍。」

來到殯儀館。「爸爸怎麼已經躺在那裡了?他才四十三歲！」

「是塞車害死了你父親。」

這些場景如何發展，全都取決於你。你生活中絕大多數的事情都是如此。再次強調，你無法控制這些風暴從外在威脅你——但你永遠可以控制自己的內心，讓內心的火焰熊熊燃燒。

你容許別人怎麼對待你？

有一句簡單的小小箴言：別人怎麼對待你，都是你教他們的。如果你不喜歡生活中某人對待你的方式，先想想你教他們是怎麼對待你的。

自我挫敗的人看得出事實，但他們不想接受事實。他們希望事情不是那樣，於是抱怨：「要是你和我更相似，我就不會像現在這麼不高興了。要是你不是現在的你，我的日子就會更開心。要是油價沒有上漲，要是失業率不是這樣、要是⋯⋯要是⋯⋯。」他們看著這個世界，做出的結論是：他們應該責怪別人。你可以從他們的措詞、他們說出的用語分辨出來。他們會說：「請不要來煩我，我辦不到——我被焦慮攻擊。」

聽著，世界上沒有一種生物叫作焦慮，它絕對不會發動攻擊。世界上只有生活中時時刻刻都焦慮思考的人。如果你能學會無論在何種情況下都不帶著焦慮思考，你就能掌控任何事。物價上漲、報稅、失業率、丟了飯碗、孩子讓你失望、有人生病、你親近的人瀕死、有人脫軌沒做你希望他們做的事、爐子壞了，所有生而為人就會面臨的事——如果你能學會如何應對這些事，那麼當危機來臨，你已經做好準備去處理，而不是淪為危機的受害者。如果你總是在危機來臨時震驚不已，對世界上發生的各種事情不開心，總想著事情如果不是這樣而是那樣就好了，那麼你就不是用能力來回應。

對於生活中遭遇的任何事，你都不能責怪任何人。被欺侮、覺得自己是受害者、不知如何應付某些狀況、受到打擊、子女或父母不尊重你、在某些課堂中表現不好、覺得上司老是盯著你……無論遭遇什麼情形，你都在教導別人怎麼對待你。

曾有一位個案向我細數她有多悲慘，因為她嫁了一個酒鬼。我問：「所以，問題是什麼？」她說：「他講話含糊不清，不停重覆講一樣的話，身上很臭，在他身邊感覺糟透了。」

我回答：「我們來看看我理解得對不對。看看在妳說的這個小故事裡，誰才是行事誇張的人。妳說妳嫁了一個酒鬼，他講話含糊不清、不停重覆講一樣的話、身上很臭、聽起來很蠢——我認識的每個酒鬼的狀況都一模一樣。這個人的種種行徑，是每個酒鬼都會做的事情。但妳呢，妳嫁給一個妳說是酒鬼的人，然後期望他不要醉醺醺。誰比較誇張呢？是那個行為舉止完全合乎預期的酒鬼？還是期待他變成另一個人的妳？

「他就是他本來的樣子！為什麼要把讓自己這麼痛苦的想法放在心裡呢？這些想法光是存在，就會放大妳生命中的不幸。何不改變那些想法，告訴自己，如果總是找理由主張自己很悲慘，只會獲得悲慘的人生。妳必須知道，是妳總是主張自己的不幸，妳到處說自己有多悲慘——但是，**這都是因為妳自己容許自己悲慘**。改變始於妳自己，而不是從妳丈夫開始。」

就像我給這位個案的建議一樣，我建議你無論面對何種挑戰——各種你自覺做不到的事、你遭遇的種種障礙、在感情裡覺得走不下去、或職場上發生的任何事——你要檢視是什麼樣的理念在支持這些行為。既然人的種種行為都是源於某個信念或想法，你可以努力讓事情徹底改變。

我在自己的生命中，曾經多次達成這樣的改變。例如，有很多年的時間，我每天打網球。我從小到大深信自己打不了反手拍，長久以來我也一直向自己灌輸這種謬誤。但後來我開始改變想法。我不只更認真練球，也開始想像自己去做一切能讓我打好反手拍的動作。我也把這套方法用在練習打網前吊球，而不是告訴自己「我打不到網前吊球」，然後抱著做不到的想法打球。我再也不願告訴自己「我一定打不出網前吊球」或「我一定打不出高吊球」或「我絕不嘗試發旋轉球」等等。

如果你一直告訴自己做不到某件事，你只會依照這樣的信念行事。無論是改善網球比賽的結果，或是挑戰更大的目標時，你都要改變自己的想法。設想自己在生命中總是全力以赴，並享受最好的結果——你會發現，當你這麼想的時候，事情就會這麼發生。

你在生活中受到什麼樣的對待，你都必須負起責任，這適用於任何對象、任何狀況。舉例來說，我發現對付無禮之人有個好方法，就是讓對方知道我不會容忍那樣的態度。所以，如果有店員對我無禮，我會先告訴自己：這是他們的行為。他們需要為此負責。然後我會試著用一點善意回應他們。如果無效，我便會立刻找另一位員工，或找管理階層，或者乾脆離開那家店。我絕不會站在那裡，讓自己受到任何人在身體、心理、智識或精神上的惡劣對待，因為我知道，如果我容許這些狀況發生，就是允許對方用惡劣的方式對待我。

這方法非常管用：大多數時候，善意與愛心真的能讓別人明白，他們不能對你無禮。但如果這麼做無效，你就必須實行B計畫和C計畫、甚至D計畫——這些計畫都基於你內心相信自己是什麼樣的人。

你要把自己看成非常有價值的人，不應受到惡劣對待。假設你有一個價值一百萬美元的漂亮花瓶，你絕對不會隨便對待它。你不會拿它來玩拋接。你不會把它往地上砸。你應該會把它放在安全的地方，讓它不受損傷。

那麼，你也要這樣對待自己。如果你把自己當作非常有價值、非常重要、有影響力的人，你永遠不會允許自己受到任何人的惡劣對待。而大多數糟糕的對待方式（包括抽菸、過量飲食、酗酒等等）都來自一個基本想法——我苛待的對象是毫無價值的。

同樣的，大多數寂寞的人會覺得自己毫無價值，因為他們不喜歡和自己獨處。如果你喜歡和自己相處，孤單一人時絕不會寂寞，反而是很棒的事。你的態度會變成：終於有機會跟這個了不起的人相處了。但如果連和你獨處的這個自己都輕蔑你、無法接受你，那麼你永遠都得找別人來填補空虛。

想像有個人從小到大都只懂得不喜歡自己，到哪裡都帶著這樣的自己——很多人都是這樣，但這是最蠢的事情之一。你是什麼樣的人，全都取決於你相信自己是什麼樣的人。如果你很笨拙、不擅做菜、數學不好、缺乏魅力……，這是因為你允許這些事情的發生。因此，如果你不滿意自己至今各種選擇所造成的結果，請從歸咎他人的馬車下車，跳上自我負責的火車。當你朝著重視自我價值的方向前進，你會得到一切你想要的東西，因為你的自我價值絕對、完全取決於你如何相信自己。所有的一切，由你的態度決定。

每個人都是完美宇宙的一部分，這個宇宙在和諧、合作與愛之中運作。你永遠不會是個錯誤，因為你是完滿這個宇宙的力量之一。如果你這樣相信自己，那麼當你看到別人破壞這樣的完滿、破壞這個美麗且重要的人，你的反應會像看到某人破壞美麗事物一樣。而你一定不會容許這樣的事發生。

活出極致人生的祕密

你知道要活出人生極致（包括成功與豐足）的祕密是什麼嗎？就是愛的奧祕。但那些需索愛的人總是不懂這個道理。你見過那些永遠都在追尋愛的人嗎？他們去單身酒吧找其他顧客，不斷嘗試找到愛情，卻總是徒勞。

在我的生命中，有幾個我真正深愛的人。那些除了家人以外的人，你知道我如何遇見他們嗎？都是在做我喜歡的事情時遇見的。我喜歡打網球。我以前是網球教練，現在雖然不教了，還是一有時間就去打球。我認識了和我一樣喜歡打網球的人，成為好友。至於我在世上最好的朋友之一，瑪雅・拉柏斯，是在跑步時認識的。我非常喜歡跑步，跑步時都覺得很愉快。剛好瑪雅也一樣，我們藉由共同喜愛的運動成為摯友。

你只要去你喜歡的地方做你自己，就自然會與人相遇，愛也會自然找上你；你拚命追尋愛，它反而不會到來。財富其實也是同樣的道理。如果你的目標是得到金錢，不要汲汲營營地追著錢跑。我要分享自己的經驗：我從一貧如洗變得富有，所有賺到的錢都是意外之財。我從沒想過會因為寫書變成有錢人。沒錯，我一直努力發表寫作成果，但在暢銷書《為什麼你不敢面對真實的自己？》（*Your Erroneous Zones*）問世前，我已寫了六本書，每一本都在商業上嘗到敗績。雖然那六本書都比較適合用於教室、心理學、團體治療等用途，對我來說並不算失敗之作，但它們都沒讓我賺到錢。

我也從不認為自己是個失敗的人，因為我寫書向來是為了讓自己開心。我發表的第一篇文章刊登在《教育科技》期刊，這是一份從紐澤西州小鎮恩格伍德克里夫斯（Englewood Cliffs）出版的迷你刊物，發行量只有七本——我、我的母親、兩位姨媽，還有妹妹們，如此而已。但我不在乎。把自己的作品發表出來，感覺太棒了。

我盡己所能寫到最好。如果你買了書而且很喜歡，那是額外的獎賞。我寫任何暢銷書時，從來不去想別人會不會買。這個問題我從不放在心上。反之，我告訴自己：偉恩，你要全力以赴，做那些對你有意義的事，也就是你一直以來在做的事。別人會想買我的創作成果，其實我覺得很驚奇。我寫作已寫了大半輩子，除了因為它帶來莫大的愉悅之外，我不曾想過要為了其他原因而寫。如果你真的了解我在說什麼，你就會明白「人生要有使命感」是什麼意思。

我想起偉大的心理學家馬斯洛（Abraham Maslow），他曾說過，最高層次的人，人生目標是擁有「高峰體驗」（peak experiences）。馬斯洛所說的「高峰體驗」，就是完完全全地、徹底地沉浸在某個能超越一切的時刻。一個最高層次、不設限的人完全有能力把任何時刻變成高峰體驗。對於這些有智慧的人來說，生命是神聖的。生命中的每一天，他們都放手去做那些看起來對他們最有意義的事。他們說著詩人與神祕主義的語言——也就是接受、欣賞與愛的語言。

你可以訓練自己在任何地方都享有馬斯洛不斷宣揚的高峰體驗。當你排在長長的隊伍中，你不必怒氣沖沖，不必不耐煩或不高興，你可以選擇把眼睛睜開。如果你看看四周，好比說，你剛好看到有一束光透過一扇窗照耀著，或許就能讓你在排隊時充滿歡喜。

你會發現，一朵花與一根草之間，唯一的差別只存乎一心。只是這樣而已。從宇宙的角度來看，花不見得比草優秀，只是剛好有些人比較喜歡花。美與醜之間，差別只在你的思考。這個世界上，沒有人是醜的。醜並不存在，只是人們選擇了認為某樣東西「醜」。

不設限的人深知，如果我們之中有一個人受苦，那麼所有人都會受苦——這是我們所有人的責任。有句中國諺語說得好：「一年之計，莫如樹穀；十年之計，莫如樹木；終身之計，莫如樹人。」只要我們教育人民，就能培養出不從軍、不殺戮，而是只專注於愛、將人類視為共同體的人。

雖然距離的遠近，讓我們對身邊的人能夠有更多共感的心，但這只是因為我們的思想侷限於本地。如果我們放眼全球，就會知道一個外國的失業勞工和一個住在隔壁的失業好友一樣，都同樣是人類的問題。任何一個饑餓的孩童，即便是身處千里之外的大陸或海洋，都會對全人類造成影響。很多人過日子只設想「我只愛那些值得我愛的人」。但這是不對的吧？

每個人都值得愛。每一個人。很多人都聽過一句話：「恨惡罪，愛罪人。」我相信那是面對生命很重要的心理。我們的態度必須是：人們做的事，都是我們可以幫助他們矯正與改變的。我們可以教他們不要破壞，但要始終謹記，人人都值得我們去愛。除非我們這麼想，否則我們只會以二分法看待世界。我們會區分你和我、我們和他們；只要「我們是我們」、「我是我」、「你是你」這些概念存在，就永遠不會出現「我們大家」。我們要做的是一起搭上一艘太空船，俯瞰地球，體認到我們都是這個脆弱渺小星球的居民。我們不應再去尋索那些分化人類的事物、不應製造更多會摧毀人類的武器；反之，我們必須開始追求能讓所有人類和諧共處的道路。

雖然聽起來老掉牙，但如果不這麼做，人類這個物種將無法存續。當我們這麼做，人類將不斷延續到幾十億年後的世代，在人為的大屠殺後倖存並進化，而後領悟到所有偉大宗教領袖、哲學家、心靈導師傳布的重要訊息：**我們就是愛，我們是讓人類和諧共處的關鍵**。一切決定自我們。體認到我們就是真理的一部分之後，真理才會浮現。我們都是地球的一份子，我們密不可分。

筆記練習

花點時間想想本章談到的「態度」這個概念，然後在筆記上寫下人生中你想負起更多責任的領域。你可以怎樣改變自己的態度，遠離自我挫敗？你需要做哪些事來讓自己成為不設限的人？你認為自己的新觀念能怎樣改變整個地球？

第2章

你擁有選擇權

我記得有一回在德國，我因為班機延誤，在一間義大利餐廳裡等待。有位來自義大利的服務生，為我送上令人垂涎三尺的食物，但他性格暴躁，每位顧客都能惹惱他。他不斷向其他服務生吼叫，在客席與廚房之間來來回回，把自己的情緒弄得非常緊張。

到後來，我終於開口了：「過來這裡。你為什麼要對自己這樣？為什麼你把事情弄得這麼嚴肅？你只不過是為客人送上義大利麵，沒什麼大不了的。如果你每天持續這樣處事，我保證你不到五十歲就會心臟病發。」

他說：「聽著，你還希望我怎樣？我可是義大利人。」好像這樣就能解釋一切。他對自己行為的解釋是：沒辦法，這是遺傳，你知道的。我有憤怒基因缺陷。簡直像小孩子數學被當時堅稱：「沒辦法，我爸爸的數學就很爛，我爺爺也是。這不是我的錯，我遺傳到數學基因缺陷，一點辦法也沒有。」

你害羞嗎？你緊張嗎？你害怕嗎？你會因為驚慌失措而無法站在一群人面前講話嗎？你很容易生氣嗎？你是否覺得自己太常被別人操弄或控制？你害怕為自己的信念挺身而出嗎？你做的菜很難吃嗎？你對運動很不拿手嗎？很多心理學家都會說，這是你潛意識的問題，你自己無法解決。

我受過這類觀點的專業訓練，我們通常把責任歸在其他人事物上，並要他們為我們的問題負責，你會發現，生長在這世界上的很多人，都會找一堆藉口來解釋他們為何不成功、為何不快樂、為何無法達成某件事、為何機會好像從不敲他們的門。

治療師可能會告訴他們：「你只是個平庸的孩子，還期待什麼？你當然不可能找到屬於自己的特質。」也許因為你是獨生子女；也許因為你是十二個兄弟姊妹中最年幼的——等於你這輩子多了十一個家長，總有人會指使你該怎麼做；也許因為你最年長，得當其他九個弟妹的家長；也許有太多也許。

你可以任意使用藉口，你也可以說「是魔鬼要我這麼做的」，或乾脆說「都是上帝的錯」。你在世上所有的缺點，好像上帝和母親是最該負責的人。在我們的文化裡，母親真的受到太多非難：「不是我的錯，我就是這個樣子，都是我母親造成的。」我每天都聽到這類藉口，聽了二十年了。所以這藉口一定是真的：「我就是做不到。我母親比較喜歡妹妹。難怪我的人生過得這麼糟。妹妹總是那個得到所有關注的人，我卻一點關注都得不到。相簿裡都是妹妹的相片，都沒有我的。」有一天晚間，我在一個全國性電視節目上直接宣布：「今晚我來到這裡，只為了一個原因。我要告訴全美國人：你媽媽比較喜歡你妹妹。」

一切都是態度造成的。一切關乎你選擇相信什麼。事實是，你如何思考，都是你自己的選擇。**那些妨礙你在人生中前進、讓你無法成為自己想要的樣子、阻止你達成目標的一切事物——都是你做出的選擇**。全都操之在你。再怎麼強調這個重點都不為過：「你，就是你人生中所做各種選擇的總和。」

要有自信！

曾有位個案告訴我，她非常想成為一位舞者。於是我說：「那妳為什麼不去跳舞呢？去參加所有表演的試演、去上所有頂尖教師的課。」

她的回答是：「不行，我現在一點自信都沒有。只要我的自信增加，就能成為很棒的舞者。」

這種想法完全弄錯重點。要建立正面的自我形象，自信是關鍵，但自信不會憑空而來。要相信自己能成為了不起的人物，唯一途徑是去做，並且一而再、再而三地做。自信來自你的行為、來自選擇去承擔風險、來自不怕失敗、來自停止只想著可能被嘲笑、來自不害怕跌倒。

想像一個總是自我挫敗的人，和一個不設限的人一起爬山，然後在一片結冰地面上意外跌倒。自我挫敗的人會賴在地上哀嚎：「這裡不應該結冰的！我們的旅行計畫怎麼可能遇到結冰！你看看，我的新衣服都破了，這種事不應該發生！」不設限的人則會起身說：「小心冰面」，然後繼續前行。

被自尊心擺布的人，會讓失敗阻礙他們的行動；覺醒的人（也就是不受自尊心支配的人）則讓失敗驅使他們行動。自我挫敗的人會去嘗試他們不擅長的事物，然後被徹底擊潰，如此一再循環。他們十五歲時，立志要成為母校校長或國家銀行的總裁。當他們聽說銀行不要十五歲的總裁時，他們的回答是：「看吧，我就說，我什麼都當不了。」

不設限的人則會說：「如果我當不了國家銀行的總裁，我可以在我家鄉西班牙托雷多這裡的分行掃地，看看會有什麼發展。」他們利用被拒絕與失敗來重新整理自己的想法，或是繼續去嘗試其他事物。

要建立自信，關鍵要素是：忘掉你聽到的，記得你看見的，理解你所做的，而且要果決迅速。如果你缺乏自信，那就站起身來，去做任何能讓你自我感覺好一點點的事，並且反覆嘗試。不需要太久，你就能產生自信，並對自己的能力深信不疑。

有一回，我女兒崔西準備要在講台上介紹我出場，她很緊張：「爸，聽眾有三千人耶，你竟然要我上台？」

我告訴她：「以前念書時，第一次上台做讀書報告前晚的那種心情，我還記得。我深知我那些朋友是什麼樣的人，他們會指著我，彷彿我褲子拉鍊沒拉，我也知道他們會做的其他事情。我很害怕，不斷碎念：『噢，拜託，拜託……也許老師會中風且失去記憶，然後她就會忘記班上有個叫偉恩·戴爾的人。』我希望發生任何能讓我不必上台的事。

「後來我是怎樣讓自己可以站在幾千人面前講話的呢？並不是突然做到的。我上台一次、兩次、三次；沒過多久，上台講話就變成輕鬆有趣又令人興奮的事。這一切都是從我做的選擇開始。妳也可以做出同樣的選擇。」

我也發現，培養自信的另一個重點是，不要把自己的形象和你的人生成就劃上等號。**你並不等於你的成就**。如果你等於你的成就，那麼當那些成就不存在，你就什麼都不是了。你就不存在了。如果你等於你的公司，如果你等於你賺多少錢，如果你等於你的家，如果你等於你的家庭，如果你等於你的孩子，那麼當這些事物消失時，你又是什麼呢？這些事物總會消失，因為生命是轉瞬即逝的。如果你的自我形象是和外在事物綁在一起，那麼當你失去了工作、失去了房子、當孩子離開家、當另一半死去，無論任何一件事發生，你也會死去一點點。

我常說，我們並不是在「當個人類」，我們本來就是「人類」。如果我們的存在由我們做過的事定義，那英文上應該會把人類稱作是「human doing」，但我們不是，人類是「human beings」，意味著我們無須被批判或評價，只需要存在。

如果你就是自己相信的那個模樣，你會甘於冒險，允許自己在某些方面失敗，然後在其他方面成功。你不會把你的價值和你做的事混為一談。你會把自己在人生中做的事視為選擇，但這件事你絕對不會妥協：你永遠是一個重要、有價值的人。不是因為別人這麼說、不是因為你很成功、不是因為你賺很多錢，而是因為你決定這麼相信，不為其他原因。不明白這一點，你就無法成為一個不設限的人。

你可以掌控自己的思想和感覺

我講的這些事，可以視為常識，但我也覺得它符合邏輯到難以用筆墨形容。我念大學時學過邏輯，當然是在哲學課上。我們學三段論邏輯（syllogistic logic），其中要有一個大前提和一個小前提，然後你就能在大前提與小前提達成一致的基礎上，導出結論。

我認為邏輯是說明論點的良方。先從這個大前提開始：我可以掌控我的想法。接下來是小前提：我的感受來自我的想法。你知道嗎？你產生一種情緒之前，一定是先有想法。不可能沒有想法就無端產生情緒。你是先感知世間萬物，然後再給予評價。這一切都在瞬間發生。評價事物，然後產生情緒反應。無法感知事物的人，不會產生情緒。昏迷的人只是躺著——完全不會有任何情緒反應。

舉例來說，戀人和你分手時，而你非常沮喪。但如果你不知道他們和你分手，你會沮喪嗎？會痛不欲生嗎？會心情低落嗎？不會。只有在發現他們想離開的時候，你才會產生這種情緒。讓你不開心的不是這件事，而是你對這件事的反應。因此，你的感受來自你的想法。

我不是提出理由要你做一個冷酷無感的人，我只是陳述兩個事實。大前提：我可以掌控控制我的想法。小前提：我的感受來自我的想法。符合以上邏輯，我們無可避免地會得出這個結論：我可以掌控我的感受。我們能掌控感受，只要學著改變一件事：我們的思考方式。只要這件事就行了。**我可以掌控我的想法。我的感受來自我的想法。因此，我可以掌控我的感受。**

現在你有哪些你不喜歡的感受呢？罪惡感、擔憂、恐懼、自暴自棄、尋求別人認可、活在過去、害怕未知……這些都是因內心想法而起的情緒反應。如果你有自我挫敗的情緒，當你走上開悟的道路時，就要擺脫這種情緒。

面對那些會讓他人瘋狂的情況時，覺醒之人的內心會有一種平靜安詳的感覺。他們能掌控自己要如何反應。他們不算計、不冷漠、也不是沒有情緒——他們只是知道如何不用負面觀點評估世事。無論發生什麼事，他們都以健康的方式回應，而不是做那些自我中心的行為。

自我挫敗的人如果在馬路上被人超車，他們會為這件事生氣很久。不設限的人則會告訴自己：「我不要讓那人掌控我的這一天。這一天是我的，它說不定是我人生中唯一的一天。我不會容許這一天被他掌控。」

一個自我中心的人如果和朋友失和，他們會坐在那裡內心煎熬：「這件事不應該發生的，他們怎能這麼做；我本來可以怎樣避免這事發生？噢不，我不明白。」覺醒的人則會說：「這件事已經發生了，我不會選擇為此憂傷。我不會假裝我很高興，但我也不會允許自己因此而沮喪。我不會。我會在接下來五分鐘內消化這件事；然後我會度過下一個五分鐘，如此這般。這就是我處理的方式。」

你必須愛自己，並且相信自己身為人的價值。你不需要對人冷漠或使壞，也不必拒絕對人慷慨、關心或友善。我不選擇這樣的人生。我不這麼做，也從沒說過別人應該這麼做。我一再反覆地說、未來也會繼續講的是：**我們都必須了解，自己的選擇能發揮多大的力量。**

憤怒可以帶來什麼

聽起來可能很奇怪，但我不認為憤怒有什麼不對。如果它可以驅使你採取行動，去改變世界上某些必須改變的事，那你絕對應該在必要時使用你的憤怒。

人們挨餓時，我很憤怒。世界各地都有孩童因為營養不良而死去，我很憤怒。對於犯罪、對於美國社會槍枝泛濫、對於老是有人射殺別人、對於我們已不怎麼在意人命關天，我很憤怒。那麼多人射殺別人，甚至已上不了新聞。但我的憤怒使我採取行動：談論或書寫相關議題、和中學裡的一些孩子談談，試著帶來改變。促使大家關注這件事，非常重要。

大家都以為憤怒是壞事，懷著憤怒的念頭不健康，其實不然。不健康的是容許自己憤怒卻無所作為。舉例來說，如果你正在經歷糟透了的離婚程序，心情非常惡劣，無法工作，無法陪伴孩子，無法和同事相處，無法保持健康，也無法幫助其他人保持健康。你幾乎什麼事都做不了，只能病懨懨、疲倦、憂鬱。你只能這樣過下去。

這是你所能做的最不負責任的選擇，但是它的結果對你來說很方便。你可以利用自己正在經歷的痛苦，讓自己不必做一個有用的人。每當有人問你，為什麼你什麼事都做不了，這就是完美的遁詞：「你知道我的人生發生了什麼事，怎麼還能期待我做好任何事？」

人們還會做出另一種不負責任的可怕選擇，那就是內疚：只要我坐在這裡，為自己做過和沒做過的事感到內疚，我就不必做任何事來改正它。那我只要一直選擇內疚和心情惡劣就好。現在這一刻我只能感覺內疚，內疚感愈重，我就愈不可能做任何事來改變它。我只要當一個不負責任、情緒失控的人就好，不僅讓自己的生活不愉快且無法正常運作，還要讓身邊的人也受苦。

負責任就是有愛心、親和、正派、善待他人，尤其還要善待自己，讓自己充滿正能量，並且能將這份正能量散播到各處。即使你的人生正發生你不樂見的事情，你也能準備好用自己的能力去回應，採取行動並尋找解決方案。如果你只聚焦在自己的痛苦，和痛苦帶來的可怕感受，那麼你只會深陷於痛苦中而無法前進。

很多人花很多時間去捍衛自己的憤怒、憂鬱、恐懼、嫉妒或任何一種負能量，但它們根本不值得捍衛。做出這些選擇其實非常不負責任。以嫉妒為例，這是一個人貶低自己才會產生的情緒，反映出這個人對自己的輕視。產生嫉妒心，表示你希望某人沒有決定愛上另一個人、或用某種方式對待另一個人，而且你認為他們之所以做出那樣的決定，與你有關。

在任何情況下，歸咎他人都是不負責任的。在伴侶關係中，歸咎會化為這些言語：「如果你更像我，我現在就不會對你這麼生氣了。你為何不能努力變得更像我希望你成為的樣子？」在工作上，則會出現在主管對下屬的指責：「我覺得你應該這麼做，你卻沒有照做，這非常惹惱我。」但這些主管卻不把力氣放在幫助員工，讓員工明白做事情其實有很多種方式。

這一切已說明歸咎他人是很糟糕的主意，而反覆思索那些讓你停滯不前的想法，則是浪費時間。每當你在生活中遇到阻礙，覺得難過、沮喪，或無法讓日子正常運轉，那就應該重新組織你的想法，並且改變你的行為。

絕大多數人都能控制自己的憤怒，不讓它癱瘓自己的生活。他們可以克制憤怒，不讓憤怒爆發。不過，把怒氣全隱忍在心中，可能對身心不太好。如果問我的話，我認為把不如己意而產生的挫敗感發洩出來，比埋在心裡來得健康。只要不做任何傷害別人的事，把憤怒發洩出來會比較好——可以試試拿枕頭砸牆，或埋在枕頭裡喊叫。

不過，不設限的人則能夠達到遠高於此的境界，他們會因憤怒而採取行動，有建設性地利用它。在這個世界上，你不樂見什麼事情？有哪些事讓你覺得實在看不下去？你不願見到饑荒？你不想看到孩童瀕死？我個人真的很痛恨這種事。我們明明有足夠糧食能餵飽世界上每一個人，卻還是有人餓死，這件事讓我特別生氣。除此之外，當我想到戰爭隨時都會爆發，有更多人會因此失去生命，我也非常氣憤。

那麼，我們要怎麼處理這種憤怒呢？自我中心的人會激動地揮舞四肢，到處找碴，對每個人大吼大叫。覺醒之人雖然覺得憤怒，但會起而行動。憤怒會驅使他們去做些什麼。他們會參與飢餓計畫（Hunger Project）或樂施會（Oxfam）等慈善團體、寫信去國會、在電視上發言、寫歌、或做任何事情好讓更多人了解飢餓問題。他們努力選出公職人員、或乾脆自己參選，以改變世界上的不公不義。他們是行動者。他們把憤怒化為有益人類的行動。

你的動機是什麼？

我們對自己、對我們的生活總有不滿意之處。但我們如何應對，端看我們身處什麼位置。大多數人是被我所謂的「外在動機」驅使，也就是說，他們讓生命中的外在事物決定自己的人生何去何從。

想像你和一群心情低落沮喪的人打交道，問他們：「你為什麼心情低落？怎麼回事？」大概四人當中有三人會這樣回答：「有人讓我很生氣。他們讓我很受傷。」「我把錢託付給我錯信的人，他們讓我的情況變糟了。」「我似乎沒辦法和父母好好相處。他們讓我很憂鬱。」無論是什麼答案，他們會用外在的人事物來解釋自己為何狀況不佳。

如果一個人維持這種思路，要怎麼逃脫困境呢？如果他們把自己心情低落歸咎於自己以外的人事物，那麼他們就得靠外在的人事物讓自己振作。而這個「事物」常常是酒精：在美國，大約一千六百萬人有酗酒問題。也有不少人使用毒品。或者他們藉由性行為、購物、追求金錢等任何外在方式，在沮喪時讓自己提振心情。

靠外在事物驅動自己的人，會尋求別人認同、使用酒精或毒品、找藉口和理由、把自己的現狀歸咎於任何人事物：「我很胖，因為我必須為世界上所有饑餓的孩童多吃一點。也可能是食品業的錯、我父母的錯、或是上帝的錯。」總之，問題永遠是別人的。

此外，電視和社群媒體也助長了歸咎外在人事物的風氣。一項研究發現，美國、加拿大及西歐國家的孩童，平均花費十四分之一的時間和父母直接溝通，其他十四分之十三的時間，則對著電腦或智慧型手機。想起來令人不敢置信。基本上，現在的孩童是被網路養大的。

由於孩子對於世事的了解都來自電子裝置，所以他們被教育成要從外在追求動機。看看那些情境喜劇，其中充滿各種教導觀眾忽視他人的內容。我們看的電視節目，劇情大多描述各個角色如何讓彼此難過，不分這些角色是大人或小孩。看電視或網路影片，也會看到自作聰明的言談，幾乎不顧及人的尊嚴。這些節目還穿插著數不清的廣告，推銷那些鼓勵尋求外在動機的商品。

雖然有很多人靠外在事物驅動自己，但有些人的驅動力結合了外部事物與內在動機。這些人確實受到一些內在指引。遭遇逆境時，他們打從心底知道自己該為當下的情況負責，但是他們似乎不曉得該如何應對，因此又失去了前進的動力。

以戰爭為例，戰爭由缺乏建設性的憤怒而引發，另一方也以缺乏建設性的憤怒回應，雙方不斷以這個態度應對，讓戰爭持續多年。多少人反對恐怖主義？我的意思是，有人不反對嗎？我們都反對恐怖主義，但諷刺的是，這卻是世界上持續存在恐怖份子與戰爭的原因，就因為有這麼多人反對恐怖主義。想像一下，如果每個反對恐怖主義的人，都以「我支持和平」來表述，然後投注同樣的精力去實現。如果數百萬人都努力促進和平，而不是努力反抗恐怖主義，我們就會擁有和平的世界。

看看統計數字，如果我們花在促進和平的費用是一美元，在戰爭上的花費就是兩千美元。因此我們有了槍枝、彈藥、炸彈、核武等種種能摧毀人類的東西。我們總是專注在反對我們反對的事，而不是去支持我們支持的事，最終我們總是會覺得自己無能為力。同樣地，現在很多人談論對抗毒品的戰爭。只要有戰爭，大家就得選邊站，得出現贏家和輸家，得有軍備。只要有戰爭，毒品就不會絕跡。我認為，我們可以用正面方式重新表述，專注於打造沒有毒品的文化。

要改變思考模式，也就是喚起內在動機，而非用外在動機去回應。你可以試著把這樣的思考模式用在生活中，用在你想改善的領域。也許你希望自己和伴侶相處時，不要老是固執己見，那就停止用負面表述，而是用「我要……」的肯定句來肯定自己：我要變成更讓人愉快的人。遲到時不要總是責備自己，你可以改成告訴自己：我正努力讓自己準時。不要哀嘆自己沒有花足夠的時間陪伴孩子，而是對自己說：我要花很多時間在孩子身上。不要拖拖拉拉，要肯定自己：我會花更多時間在這個我超有興趣的計畫上。

換句話說，你要轉變這份否定自己的想法，不再想著自己缺點重重而充滿無力感，要把這份消極改用正面方式陳述事情。要記得，我們的宇宙沒有缺陷，運作和諧，不會出任何差錯。這是一個完美的體系，每個人都是這個完美體系中的一部分。你要這樣看待自己，而且你的新選擇是讓自己進步，而不是修補錯誤與缺陷。你會看到自己不斷成長，過去讓你感到無力的事，那些讓你憂鬱、生氣、你稱之為缺陷的事，你都不再這樣看待它們。現在，你把它們視為人生旅途中的一個選擇。

選擇長大

「做出選擇」的概念對我非常重要，重要到朋友都覺得我近乎執迷。我深深相信，其實我們具備強大的選擇能力，但我們自己不知道。在我的內心、在我靈魂深處、在我扮演的每個角色中，我相信我們都有力量，能選擇、掌握、操控自己的命運。我們都擁有自由意志，無論由上帝賦予或進化而來。世上最殘酷的事，就是以為自由意志是虛幻的，並相信所有事物都早已安排好，我們只是照著別人寫好的劇本而活。但事實絕非如此，我擁有自由意志，因為我是人類的一份子。我既獨一無二，同時也是人類的一份子。

那麼，要如何改善人類目前的情況呢？首先最重要的是，沒有任何一個問題應該由民族主義來定義。人類的問題應該由人的素質來定義，而不是用狹義的定義去區分，使人們在心智上彼此分隔。擁有成長心態的人明白這一點，他們有能力從整體的角度看待事物，發言類似如此：「讓我們把這個星球變成對所有生命更好的地方，消弭戰爭與殺戮的可能。除非是食物鏈中的絕對必需品，否則我們絕不擁有殺生的念頭。我們要神聖看待所有的生命。」

這些人受到最高層次的需求所驅動：他們需要真實。他們需要愛。他們需要作為人類的認同感與歸屬感。他們需要尊嚴。這些需求讓他們生活前進。他們的人生不消耗在我今天過得如何？我得到什麼？這一切適合我嗎？

明白了嗎？比起追求真實，我們總是把食物需求看得更重要。你曾和那些除了說謊之外毫無建樹的人相處過嗎？如果把真實、美、尊嚴從人們身上奪走，這就像不讓人進食一樣，將會置他們於死地，只是速度比較慢而已。有智慧、擁有內在動機的人們了解這一切。他們能超越自我意識，崇尚靈性，他們更認同那些真正對人類有益的事。當你和這樣的人在一起，會受到更多鼓舞與啟發，想更接近他們，而且再怎麼相處都不覺得足夠。那樣的啟發是會感染別人的。

他們是創新者，也探索新事物，不因循苟且。想想烹飪吧，如果我們只依循既有方式烹煮食物，那麼世界上只會有一本食譜書，裡面只有一道食譜，內容是：抓一頭羚羊，生大火，把羚羊放在火上烤，就這樣。

另一方面，創新者會說：「等一下，也許我們應該先剝了羚羊的皮，或者我們把它炒一下，或試試羊腹能怎麼料理，或這樣那樣。」這些人拒絕墨守成規：「不，我不那麼做，我要嘗試這個方式。我要加點這個、加點那個，我要加入自己的手法。」他們有能力、有意願去嘗試獨特的作法，並且在他們做的任何事當中發揮這些獨特，這就是創意。他們領會人生的玄祕之處。他們嚮往新事物。他們渴望做沒做過的事，而不是日復一日、千篇一律。

不設限的人擁有所謂不衝突的愛。大家都知道，世界上最大的壓力源來自不確定的關係。不是離婚、不是改變職涯、不是失業、不是失去摯親好友，而是你深知這段關係方向不明確，卻身處其中無法離開。這時你會想：我不知道是否要前進，不知我是否應該在這裡。我不知道，我還在考慮。我希望他會改變，我繼續等待。我等了二十八年了，他還是沒有改變。也許有一天事情會變好……。

無論是二十八年或二十八小時，這樣過日子只會損耗你的精力。當你把思考轉換成不衝突的愛，這代表你會這樣想：我要展望世界，去看見我愛的人。我可以用不會互相衝突的方式，無條件向每一個我遇見的人說「我愛你」。沒有人必須符合我的期待，我也不想被要求達到他們的期待。如果你能通過這項考驗，你就擁有了不衝突的愛。如果你通過不了，那就想想解決的辦法。無論是回頭和目前的伴侶修好，讓彼此在日常生活中能好好相處，或斷然結束這段關係。一旦你做出決定，你就能讓自己的狀況變好，並享受不衝突的愛。

覺醒之人的動機是成長，而不是感到自己不足與匱乏。這些人能讓地球在更高的層次上運作——而我們都能為同樣的目標努力。現在你也許覺得自己是因自我有所缺陷而行動，你想著：「我要讓自己進步，所以我要這麼做。」但要記住，你不必拚命想著讓自己變好。你不必為了成長而認為自己現況很糟。

宇宙中每件事物都是它應該有的樣子。別再評斷一切，包括你自己，你只需要努力去做。

解決你不喜歡的事，接受那些你無力改變的事。請帶著這種想法過日子：**每一天都是美好的。我安適於現在的處境，而我要前往的地方也是。**這就是所謂「成長動機」，這是你當下此刻就可以做出的選擇。

筆記練習

想想要如何將心中常出現的負面想法，重新改造成正面表述。例如，不去想「我破產了」，而是試著去想「我正在享受豐富的生活」。或者，不去想「我痛恨我的工作」，而是試著去想「我很開心地做著這份讓我滿意的工作」。在筆記上寫下幾句正面想法，把這些想法張貼在你每天都能看到的地方，例如浴室的鏡子、電腦螢幕、或汽車儀表板上。如此一來，你就能學會訓練大腦專注在美與善的事物上，吸引美與善進入你的生命。

第3章 你預期自己會得到什麼？

在我要向一大群聽眾發表演說前，通常會聽到各式相關問題：「你要講四個小時？天哪，講完一定很累，你會筋疲力盡！」我的回答通常是：「怎麼會呢？不，我不會筋疲力盡。我不會想著疲累——我的心智運作方式完全不是這樣。」

有太多人在凌晨兩點上床就寢時，跟自己說，噢天啊，已經兩點了。我得在六點起床，只剩四小時了。我得在這一秒就睡著，可是我一點睡意都沒有，到時候我一定沒怎麼睡……噢，我明天一定會很累。他們在床上輾轉反側，讓自己睡不著，然後就這樣過了四十五分鐘。再十五分鐘就三點了。再十五分鐘就四點了。再十五分鐘就五點了。再十五分鐘就六點了。現在他們的想法更升級了：我今天一定會像行屍走肉！

這就是預期心理會產生的效果。鬧鐘響的時候，你心裡怎麼想就決定了你今天會過得如何。拖著身體，腫著眼袋。一上班就說：「不要跟我講話，我整晚沒睡。我今天肯定行屍走肉，今天一定很慘。」明白了嗎？

人們用預期心理讓自己落入負面的結果，而不是告訴自己：好，我的人生再也不疲倦。我不再有疲倦的想法。如果我感覺有點腰痠背痛，有點昏昏欲睡，我就趕快小睡一下，起身走走擺脫睡意。我不會告訴別人我有多疲憊，因為沒人想聽。如果你以為別人想聽，試試看問他們：「不好意思，你在乎我累不累嗎？」你會發現，根本沒人想聽你喊累。

所以，把自己會累的預期心理徹底拋諸腦後吧。別再想著自己的疲累，除非你必須三、四天不睡，那時你才能告訴自己，是的，我有資格覺得累。

你的預期心理決定了你人生中的太多事情。例如，你的身體健康也會因為預期心理受到影響；會不會感冒、背痛、頭痛、抽筋等等。這些話聽起來是否很熟悉：天啊，我快得流行性感冒了。現在只是鼻子不舒服，但下星期一就會變成胸悶；到了星期三我就會發燒，星期四、五我就得請病假。我知道現在只是星期六，但感冒症狀總是這樣變化的。你這樣想，只是讓自己往生病更進一步。

你可以做的另一個選擇則是，告訴自己：這樣是不對的，我對這沒興趣。我不想要這樣。

這是一個提醒，讓我知道自己需要多吃幾粒維他命C、多休息，但我不會告訴任何人。我要看看是否能不讓人知道我感冒了，就度過這一切。我要讓自己保持活動。我不要只專注於自己身體的狀況，也不讓它阻礙我要做的事情。

以前我有個朋友在學高空跳傘。他得了重感冒，但無法將第一次高空跳傘的時間延期。我載他到高空跳傘的地點，一路上他不斷叨念著他有多不舒服，有多麼難以相信他要在這種狀態下跳傘。儘管如此，他還是在上課地點下車，去上他第一堂高空跳傘課。長達兩個小時，他都在忙著高空跳傘前必須做的一切準備。有太多事要做了，沒空生病。畢竟，如果你要從高空跳下著陸，你實在不會想讓一場感冒來煩擾你。

我朋友跳了一次後並不滿足，於是他又回去再跳了一次。我去接他時，問他情況如何，他的感冒突然消失了，他說：「不會吧，真是太不可思議了！」他沒再去想感冒這件事，也沒叫人幫他擦鼻水。感冒完全消失了——他沒感冒了。在我看來，這件事是很好的一課。

你的形體不等於你

有一回，我搭飛機時帶著一個嬰兒提籃，要給我弟弟和弟媳。空服員看到時問我：「那是你孫女要用的嗎？」

我心想，我這麼年輕，她怎麼可能認為我已經當祖父了？一個十四歲男孩怎麼可能當爺爺？我就是這樣看待自己的：我自認還是一個小男孩。我的舉止確實像小男孩。我每天跑步，網球打得比以往任何時候都好。任何我想做的事，幾乎都做得到。我深知身體年齡不算數，因為我們不等於我們的軀體，而是等於我們的自覺意識。真正的人是無形的；畢竟這個地球上，我們的靈魂曾經裝在許多不同的軀體裡。

我曾活在一個八磅重的身體裡，也曾活在一個僅兩呎半長的身體裡。我曾活在一個完全沒有毛髮的身體裡，然後這個身體出現了好多毛髮，後來這些毛髮又全部掉光。我在很多不同的身體裡活著。但我過去的一切（以往身體裡的任何一個實體細胞），都不存在於我目前的這個身體裡。每一個細胞都換過了……但是，我還能記得十歲時做過的每件事。我不是一個帶著靈魂的身體，而是一個帶著身體的靈魂。

記得，態度重於一切！要明白，年紀增長不代表身體的狀態，因為你不等於你的身體。你等於你的思想。形體變老是一回事，但你自己不必變老。這只是你看待自己生命的方式。是的，你的身體動作變慢了，也做不到某些曾經能做到的事——但我要再說一次，這些狀況絕大多數是由你的想法控制的。如果你只專注於自己的身體，那麼你會注意到它的一切改變，然後評估這些改變，做出自己正在衰敗的結論。但如果你不等於你的身體，而是等於你的思想，你永遠不會衰敗。畢竟思想是無法消滅的，感覺是無法消滅的，消滅的只有形體。如果你知道自己不等於那個形體，就會明白你的自覺意識永遠不會消亡。

在這整個稱之為生命的活動裡，我看到了這樣的奇蹟，而且這個奇蹟不必因為我的形體變老而改變。我是這麼想的：我的體內住著一個小孩。我選擇這樣看待自己，無論別人怎麼想。即使有空服員猜測那個嬰兒提籃是給我孫女用的，如果她那樣想，那只是她的想法而已。我不是這麼想，這才重要。我看不出我的形體變老會帶來任何影響。每過一陣子，我注意到自己多了一道小皺紋或其他改變，但那並不等於我。

我不會根據自己的身體來評估自己身為一個人的價值和重要性。我的確用很健康的方式對待自己的身體：我一天的食量只有以往的三分之一；我攝取的糖分只來自天然水果；我不在食物裡加鹽；我無論去哪裡幾乎都步行，而不是坐車讓人載我；我每一天跑幾英哩。但我做這些事，全都不是因為擔心身體漸漸變老，所以我得把它照顧得更好。

我做這些事，是因為我處在一個思想純淨、自我接納的更高層次的狀態。我認為自己是一個有影響力的重要人物——但我也用這種更純淨、更有愛的方式看待別人、看待這整個世界。換句話說，我的思考方式，讓我的身體能停留在非常好的狀態。

我敢斷定，如果你也能牢牢掌控自己怎麼想、怎麼運作自己的世界，你會發現自己的身體更健康、比你想像的更有力量。只有你的態度會讓你的身體疲弱不堪。我是真的這麼想。

人們似乎早在知道有死亡這回事的時候，就開始讓自己準備面對死亡。但如果我們不在心理上為死亡、生病、行動緩慢做準備，身體就不會耗損。老化過程必然和我們對老化的意識有點關聯。一旦我們明白如何停止害我們老化的想法，並超越這些想法，忘記自己會變老、變衰弱，相信就能克服老化。

我們的內在都擁有做大事、克服一切障礙的能力。這讓我想到諾曼・卡森斯（Norman Cousins），他是《笑退病魔》（*Anatomy of an Illness as Perceived by the Patient*）一書的作者。卡森斯曾被診斷有僵直性脊椎炎，這是一種發炎疾病，可能導致脊椎有部分椎骨沾黏。卡森斯得知自己只有五百分之一的存活率，而且別想再走路，但他下定決心，絕不放棄。他矢言要用內在動機不斷驅使自己行動，而他用笑聲做到了。對於笑有多重要；笑能讓人多麼開心；能夠開自己和別人玩笑、別把人生看得那麼嚴肅有多麼療癒，我認為我們至今還沒有足夠的研究。對自己別那麼冷酷嚴肅，是很珍貴的態度。

卡森斯把他畢生認為好笑的事物通通派人送到病房，例如馬克思兄弟[3]（Marx Brothers）、艾伯特與卡斯特羅[4]（Abbott and Costello）等人主演的電影。他反覆播放他們的電影，每天都捧腹大笑，笑到聲音沙啞。這樣的大笑加上他整體的態度與信念，幫助他療癒疾病。大多數醫生（尤其是外科醫生）都知道，求生與存活意志較強的病患，存活下來且生氣勃勃的機率高於心情低落沮喪、不抱治癒希望的病患。

我們無法定義那種意志，也無法將那種意志化為統計數據，但我們知道它確實存在。我們都聽過母親為了拯救子女而做出英雄般的行為；可能是徒手抬起車子，解救受困在車底的孩子，也可能是從火場中把孩子拉出來。我們每個人都有這種內在力量，卻沒著手去開發它。

我的意思是：你可以努力達成一些很基本、很簡單的事，例如你要不要繼續生病、例如你要讓疾病控制你到什麼程度。你要允許疾病讓你無力、讓你消沉到什麼程度？電視告訴你什麼時候會感冒，因為他們想賣你咳嗽藥、鼻噴劑或他們廣告的各種商品。但你可以為自己做決定：畢竟，你不等於你的形體。

你可以多健康？

對於當今世界的醫療體系，我有個看法是：想像一條線上有三個點：A、B、C。A點代表疾病，也就是失去健康。B點代表「正常」，也就是健康沒問題。C點代表身體健康的所有可能性、所有潛力，也就是人所能達到最健康的狀態。

美國的醫療體系幾乎都只照顧A點到B點之間而已。除非你身體有狀況，否則不會去看醫生，看醫生時就是去告訴他們你的症狀，「我流鼻涕，我發燒，我手臂會痛」，諸如此類。這是西醫運作的方式——只把你從有病痛醫治到症狀消失。

在我看來，還有另一種方式，也是大多數醫療體系應該運作的方式。當然，如果你的膽囊

[3] 馬克思兄弟（Marx Brothers），二十世紀初美國知名的喜劇演員組合，五人為親生兄弟。
[4] 艾伯特與卡斯特羅（Abbott and Costello），美國一九四〇年代走紅的喜劇二人組。

必須摘除，就應該摘除它。但大多數情況下，努力於讓人們從B點（感覺正常）達到C點（最佳健康狀態）會是很了不起的行醫方式。預防醫學、整合醫學、人文醫學、行為醫學已開始在全美各地受到歡迎了，這是很棒的事。想像你可以利用這些醫學領域讓自己更健康，而不只是擺脫疾病。你覺得你可能會有多健康呢？

生而為人，你覺得自己有多少可能性？你想過這個問題嗎？你能攝取多少維他命？要怎麼做才能讓自己跑上五十英哩（約八十公里）也不累？你能整天運動還樂在其中嗎？你能連爬二十層樓梯也不會氣喘吁吁嗎？你能在森林中奮力長途健行還覺得舒暢嗎？

用整體、人文的方式去治療患者，是很聰明的想法。當你採取覺醒的、已經轉變的觀點，你就會一直這麼做。你會一直想著自己可以達到多健康的程度。你不會把症狀當作看醫生、吃藥的理由；你不會想讓別人來告訴你身體出了什麼問題，還要你灌下大把大把的藥。我無意貶低現代醫學。我非常尊敬醫生，他們無疑是受過最佳訓練的專業人士。但我認為，如果不只是治療人們的身體狀況，也訓練他們自幼就盡可能用最健康的方式思考與生活，會有極大助益。

想像一下用這樣的方式養育孩子……你不用抱怨他們吃垃圾食品，因為他們根本不會有垃圾食品，家裡不必存放這些東西。你會以身作則，和孩子一起跑步、健走、騎自行車、游泳或做其他體能活動。你會覺得自己極為健康。你不會去想疾病、過敏之類的事。試著想像這樣的生活吧。

在家庭生活中，我們往往會獎賞生病的孩子。我們會放更多注意力在他們身上，抱著他們，讓他們請假不上學，用毯子包住他們，讓他們看電視，讓他們喝平常不能喝的汽水。我們一直進房去跟他們說話，摸他們的額頭，為他們按摩。這等於是在處罰孩子保持健康，正好和你想鼓勵孩子保持健康的初衷背道而馳。

這麼做做看如何？只要身體健康，就每月寄給你的醫生一張支票，你若生病他就領不到錢，因為他的工作是要讓你更健康，而不是生病。我認為同樣的邏輯，可以適用在養育孩子。所以，當我的孩子說他們身體不舒服或感冒了等等，我的第一個反應總是：「噢，你不會感冒的，你太強壯了，你太棒了，你這麼健康，我知道你會擊敗它的。其他人可能會感冒，但你不會。」如果我聽到孩子抱怨「我覺得不舒服」之類的，我通常不予理會，而是回答他們看起來有多健康：「你今天看起來很好。你很健康，想想你能做點什麼事。」換句話說，我們要去強化健康的狀態，而不是生病的狀態，而且我會避免讓孩子因為生病得到獎賞。如此一來，他們才是在學著用自己的能力去回應，選擇健康，而不是生病。

我小的時候，大人說如果窗戶開著，我會感冒。在這個我生活了幾年的寄養家庭中，很多孩子老是感冒，無論窗戶開著或關著。我以前總說：「可是，史卡夫太太，我整天都在外面玩曲棍球，風速是每小時三十英哩（約四十八公里）。我怎麼會因為窗戶開著就感冒呢？我喜歡睡在舒服涼爽、有微風吹過的房間裡。」

「呃，空氣裡有感冒的病菌啊。」她回答。她也曾說地上有感冒病菌，如果赤腳走過去，病菌會沾到腳上，然後向上跑進鼻子。這聽起來當然很蠢，但很多人都相信這樣的荒謬看法，尤其是跟生病有關的說法。我現在已不相信這些了。現在，如果我有點鼻子不舒服之類的小毛病，我會把它當成是弄錯了，也不告訴任何人。我沒興趣讓它成為我生活的一部分。我不再去想感冒這件事，而是努力讓自己、讓孩子、讓所有和我打交道的人更加強化健康的想法。

我不認為自己有什麼特殊天賦，我只是不想把時間花在生病。我對抗疾病的方法，是讓自己保持健康，這是我生活中很重要的一部分。我堅信這方法對我很有用，對那些想選擇維持健康的人很有用——只要注意飲食、別去想生病的事、持續體能活動。我深信，如果你不花時間運動和維持健康，以後就得把時間花在生病。如何選擇，全看你自己。

不要預期自己會遇到阻礙

只要你為一己生命的各個層面負起責任，那麼你幾乎遭遇任何處境，都能獲得好結果。大家會說：「哇，那傢伙真幸運。」或是：「她時機抓得正好——她似乎總是在對的時間出現在對的地方。」我要再次強調：態度左右一切。以最高層次思維面對生命的人，他的預期心理就是：**我的一切都會順利**。

與此對照的，則是那些開車去參加某項活動時，心裡已預期會找不到停車位的人。很奇妙的是——當他們預想自己找不到停車位，就總是找不到停車位。大多數不用高層次思維面對生命的人的典型特徵，就是只用井底之蛙的狹窄視野筆直往前看，他們只看到四處都沒有停車位。一個都沒有。

不設限的人則會預期：我有自己的停車位。我知道我抵達的時候，可能有人在用那個停車位。我不是自私的人，我不認為我的停車位一定要空著。但現在我來了，把車停在我的停車位的人，請你把車開走。這麼想的人，總是能找到地方停車。

我要告訴你們，你生命中的一切結果，幾乎都因你面對任何處境的態度或信念而定。用生孩子這件事來打比方吧。如果你以前沒生過孩子，當然會有點害怕。你會聽說很多生產有多痛的故事，所以才會有產前「陣痛」。如果你帶著「一定會很可怕」的態度去生產，那麼生產當然很可怕。

然而，有些人根本不把它當成產前「陣痛」。她們說它是產前「訊號」，心想「這是給我一個訊號，要我準備好將身體用作特定用途」。她們積極演出這個精彩的角色，忙著進行生孩子的儀式，以致沒時間去想生產的痛苦。

我知道，身為男人我只是出一張嘴。有不只一位女性告訴我：「聽著，你愛怎麼講就怎麼講，不過等你把一顆西瓜從你的身體裡推出來，再來跟我說這樣不會痛。」我完全理解這樣的說法，也不想貶低任何人的生產經驗，特別是我身為八個孩子的父親。但我真的相信，盡可能專注去想事情會有的正面結果，這樣的想法會確實帶來效果。

我們必須了解，生命只是一連串選擇的結果。多年來我和許多年輕人聊過天，他們說不喜歡自然老師、不喜歡數學老師、和生物老師處不好，他們受不了這個那個。我問他們：「你的目標什麼？你為什麼要上生物課？是因為非上不可嗎？你知道的，是你選擇要上學。如果你不想上學，你本來可以決定不去，你可以逃學。你有各種選擇項。你上學，是因為你選擇去上學──那你希望上學能得到什麼？」

他們多半不想深入研究、成為生物學大師，只想讓生物這門課過關，以免要重修，他們不想讓日子難過，也可能他們真的想學點東西。於是我會說：「你每天都會遇到這位老師，你以為老師的目標是讓你的日子愈悲慘愈好嗎？你以為他們早上起床會說：『來看看今天能怎麼整麥可。昨天我已經整到他了，但我想看看今天能不能把他整得更慘？』如果你帶著這個態度，那你確實有些問題。

「你的目標是順利上完生物這門課，不必重修，你卻坐在這裡大談這門課有多可怕。何不為自己做出不同的選擇，讓自己每天上課都很開心呢？至少把這門課順利修完，確定不必重修。改變你的預期心理，用能力去回應吧。」

筆記練習

想像現在是週末，你被要求去割草。天氣很好，你卻突然疲憊不堪，彷彿可以睡上好幾天。

後來有人問你：「嘿，今晚要不要去參加派對？我知道你說過你很累。」我肯定你會這樣回答：「當然要去！我好得很，一點也不累。」

只要是做你很有興趣的事，疲勞就會神奇地消失。就像你在學校做作業時，一坐下就開始打呵欠，心想「我就是無法保持清醒」。但這時你接到朋友的電話，卻能帶著全世界的飽滿精力講上兩小時。

請在筆記上寫下，過去你人生中這類狀況是怎麼發生的，然後想想，你可以怎麼用不同方式回應本章談到的一些主題，在心中只預期會有正面結果。

第4章 真正的你是誰？

有一回我到佛羅里達州登上朋友的船出海。朋友掌舵時，我的目光被船的尾流吸引，也就是船駛過水面時留下的痕跡。我專心看著尾流，深深察覺尾流並不推動船，它只是我們經過時留下的。我看著它時，它就徹底消失了。它只持續了一下子，就不見了。

我領悟到，我們每個人也都會留下尾流，尾流由每一個來到我們生命中的事物組成，包括我們所有經歷、所有信念，所有由父母、宗教教育、學校等等竭盡心力教我們的事。

你必須明白，名為「你的人生」這艘船，不由任何一件你過去經歷的事驅動，就像我朋友的船也不是由尾流驅動的。驅動你人生的動力，是你當下此刻產生的能量，而不是你的過去。只因為過去的經歷，就執著認為自己得過著一如既往的生活，這就像相信尾流會推動船一樣，毫無益處。你必須放下這個觀念。

我要說的是如何達到更高層次的自由，別管那些讓你相信人生之船是由尾流推進的想法。那些不過是你留下的足跡。要獲得能讓你達到更高覺知的自由，抹除尾流中的所有事物是很重要的。你一直告訴自己「現在永遠由過去發生的事決定」，然而事實是，你必須放開這種執念。

你不等於這六種身分

如果你不等於你過去的經歷、你曾留下的尾流，那麼你是誰呢？首先，我認為很重要的是，要先了解「你不是誰」。即使你這輩子聽過的原則，都與此正好相反。

一、**你不等於你的名字**。大多數人非常認同自己的名字，他們和自己的名字緊緊綁在一起，即使名字只是一個標籤。例如，我的名字是偉恩（意思是「貨車製造者」）和戴爾（這是指十七世紀從事染羊毛與皮料這種職業）。字面上的意義，我是一個會染皮料的貨車製造者。

當然，我完全不等於我的名字——它是別人給我的，用來區別我和地球上其他形體的不同。同樣的原則也適用於你：你不等於你的名字。

二、你不等於你的身體。我曾和一位喪子的男人談話，他告訴我他如何把兒子的大體捐出去，將不同的器官（如肝臟、心臟、眼睛等）捐出用於科學研究。他形容這件事時，我心想：這麼做真棒，不過，誰是身體的主人呢？當你死後捐出身體器官用於科學研究，就有一位捐贈者和一副捐出的身體。你是捐贈者，你不是你的身體。你是擁有身體、注意身體、觀察身體、捐贈身體的人，隨便你怎麼稱呼，你知道的。當你說「這是我的手臂」，意思是你擁有一種名叫手臂的東西。你不等於你的手臂，而是手臂的主人。

三、你不等於你的心智。當你談論「你的」身體時，你也在談「你的」心智。意思是你擁有自己的心智。「今天早上我想著……」這句話表示，是「你」在思考那些想法，是「我」在想。靈性導師尼薩加達塔．馬哈拉吉[5]（Nisargadatta Maharaj）曾被問到「心智是否等於真實本人」，他回答：「仔細檢視，你就會發現，心智裡充斥著各種想法。它可能偶爾一片空白，但不久又回復平常的煩亂無止息。靜止的心不等於安寧的心。你說你想讓心靜下來。那位想讓心平靜下來的人，他的心是安寧的嗎？」

[5] 尼薩加達塔．馬哈拉吉（Nisargadatta Maharaj, 1897-1981），二十世紀著名的印度靈性導師及證悟者。成長時期不曾受過任何正式教育，但他開悟之後的談話啟發無數找尋自我的求道者。重要作品為《我是那》，本書同時也是當代重要的靈性經典之一。

這句話太了不起了：「那位想讓心平靜下來的人，他的心是安寧的嗎？」正在閱讀這本書的你，渴求安寧的心。但這個想擁有安寧的心的你，內心平靜嗎？這才是你。再說一次，你，其實是一個觀察者。你並不等於自己的想法，而是這些想法的觀察者。

四、你不等於你的職業。你並不等於工程師、老師、店主、祕書、護理師，這些角色認同會使你無法做自己，無法成為更高層次的自己。再次提醒，你的職業，只是更高層次的你（那個神性的、永恆的、至死不渝的、從過去到未來一直存在的你）一直觀察著這副身體所做的事。把你和你的職業劃上等號，意味著你在限制自己，你在告訴自己，有些事你做不到。

很多人之所以無法自由，就是因為把自己困在那些多年前就決定的職業頭銜。我們相信職業頭銜等於自己，我們無法超越它，即便它只是尾流的一部分，只是我們走過的腳步。目前為止你所做的事，都只是「你做過的事」。身體做出行動、事情發生，而你是看著這些事情經過的人，這才是你。你永遠都是見證人，你看著自己經歷這些動作，你永遠是觀察者。也就是說，如果你把注意力放在你想成為什麼人，而不是你做過的事，你就能看到自己的轉變，任何事你都做得到。

因此，我永遠不會把自己看成老師、作家、講師或任何身分。別人問我是什麼身分時，我總覺得迷惘，因為我認為自己能做的事無窮無盡，不認為自己只是某個特定的角色。

五、你不等於你的關係。你是一段關係的觀察者，也是處在關係中的人，但你不等於你的關係。意思是，當一段關係結束或「失敗」時，不表示你也是失敗的。你是獨特的觀察者。無論任何時刻，與你有關係的人無法定義你，你在一段戀情中的對象也無法定義你。就像一齣我們都參與演出的大戲：每個人都有上台的時候，也有下台的時候。某些人上台的時間很短，有些人的戲分長一些。而你完全不等於其中任何一人。

你必須明白，這很像睡覺時做夢——你會創作出夢境需要的東西、需要的人物，但那些角色不等於你，你只是為了夢境而創造出這些人物。當你醒來，你不會因為那些角色出現在你的夢境裡而抓狂，而是深知這些角色是你做夢所需。對於你現在所處的這個「清醒意識」的夢來說，也是同樣的道理。無論你在人生這場戲中需要什麼角色，都要自己創造，但那些角色都不能代表你。你和他們的關係，無法定義你。你觀察這一切，你是見證者。

六、你不等於你的國家、你的種族、你的宗教、或者任何你加諸於自己身上的標籤。你不等於美國人。你不等於黑人、白人或棕色人種。你不等於基督徒或佛教徒。你是永恆的存在。你是神的延伸。你無形且永恆不渝。你也許身在這個國家、實踐著這個宗教的教義、與這群肉身在一起，但這並不等於你。你是獨立於這一切的存在，你是觀察著這一切的存在。關於你的一切，你所屬的人種、民族、地理特質或其他特徵，沒有一樣讓你比地球上其他不同人種、不同民族、不同地理特質的人更優越。你是神的延伸，祂恰巧存在於這個獨特的身體中，實踐這些獨特的作為。這副身體和這些作為，只不過是神為你安排的課題。

這些課題都是你曾經報名參加的，來到這個世界的你必須從中學習。這只是讓你的自我達到更高境界的方法，而不與他人分出優劣。無論你的這副身體是矮或高，膚色深或淺，這些都是你的功課，所有能與不能，都是神的安排。就像我說過無數次的，你的形體並不代表你，你的身體只不過是個車庫，讓你可以暫時把靈魂安放於此。

尼薩加達塔．馬哈拉吉說過的話，能扼要總結這個章節。我的摯友迪帕克．喬普拉（Deepak Chopra）多年前引介我認識他。尼薩加達塔在一九八〇年代初過世，但他的著作深深影響我的生命。

尼薩加達塔的一位學生曾告訴他：「我觀照內心時，只找到種種知覺與觀點、思想與感受、欲望與恐懼、回憶與期待。我浸沒在這片朦朧雲霧中，什麼也看不見。」

他回答：「你內在的導師能看見這一切實相，也能看見這一切虛幻。只有他『是』，其他的一切只是『看起來是』。他就是你的『本質』，是你的希望，是你能得到自由的保證；找到他，緊抓住他，你會獲得拯救，你會很安全。」

「**你內在的導師能看見這一切實相，也能看見這一切虛幻。**」是內在導師看見一切知覺與觀點、思想與感受、欲望與恐懼、回憶與期待。經歷這一切的是你的內在導師，也是真實的你。

撕下身上所有的標籤

我在偉恩州立大學修習博士學位時，上了一門由米爾頓．卡文斯基（Milton Kavinsky）教授開的課，他是我遇過最好的老師之一。這門應用形而上學的進階研討課，我是十六名學生之一。每個學生都必須採用一個獨特的哲學觀點，向全班學生講述兩個半小時，然後卡文斯基會再針對這個哲學觀點講授一小時。我們陳述自己的觀點時，必須讓這些觀念能夠在實際生活中運用，讓每個人都能說出：「今天離開教室時，只要我們能採用這些觀念，我們的生命就會有某種改變。」這是要拿博士學位的必修課，這門課太棒了。

期末考時，卡文斯基給我們三小時四十分鐘的考試時間，而且是開書考，我們可以帶任何資料，要寫幾冊答案本都行。有些讀者也許記得在學校考試時，總是想著只要能一路瞎扯把答案本填滿，老師也許就不會發現你其實根本不知道自己在說什麼。卡文斯基可不是這樣。不管你寫幾頁，他立刻就能分辨出你是否言之有物。

期末考來臨時，整間教室堆滿我們帶來的書。卡文斯基在上午十點發下試卷。他說：「你們可以寫到下午一點四十分，想參考什麼東西都可以。現在，翻開考卷。」然後他就走出教室。每張考卷，都只有三個字加一個問號：**你是誰？**如此而已。我們大家面面相覷，再看著自己帶來的一堆資料和書籍。

卡文斯基又像神探可倫坡[6]一樣，姿態悠閒地踱回教室。如果你記得電視影集裡的可倫坡，他老說自己「忘記」了什麼事，其實他腦袋清楚得很。卡文斯基對我們說：「噢，我不曉得我是怎麼回事……我忘了第二張試卷。我就知道還有東西沒交給祕書……」你知道，這完全是他的例行公事，我們則聽得直冒汗。

他發下第二張試卷，並說：「這裡有一份清單，列出你不能寫的事情。如果你把其中任何一項寫進你的答案裡，就算是當掉了這門研討課。我不關心、而且你不能寫的事情，包括：你的年齡、家庭背景、目標、嗜好、宗教傾向、投票偏好、家鄉、收入、還有你認為自己這輩子可能會做的事。」他的清單上大概列了六十個項目，而我們本來已準備要拿這些項目來寫一份小小的自傳。在清單最下方，他附上丹麥神學大師索倫・齊克果（Søren Kierkegaard）的名言：「一旦你將我貼上標籤，就抹滅了我。」這回他就真的離開教室了。告訴你吧，這是我做過最困難的作業之一，但我永遠不會忘記。

要定義「無法貼標籤」那部分的你，真的太難了，但只要你找到了，它會強大到令人難以置信。稱它是靈魂、精神，或什麼都好——你會發現，無形的你才真正決定了你人生中的一切。你開始對自己說，好，現在我對這些想法有所覺察，我可以怎麼運用這些覺察；我要怎麼利用心智，讓人生完全成為我想要的樣子、讓真正重要的事物進入我的生命、改善我的關係品質、擁有我應得的成功？此時你差不多會理解，你的每個念頭，都可能在人生中實現。從此對於那些對你沒好處的念頭，你開始戒慎恐懼，也開始質疑自己為何會出現這些念頭。你開始覺得，必須對自己心裡出現的一切想法負責。

[6]《神探可倫坡》（*Columbo*），美國經典的電視電影，主角可倫坡是特立獨行的洛杉磯刑警。這系列電視電影頗為長壽，自一九六八年至二〇〇三年間共播出六十九集。

你思故你在

正如前文所說，任何行動都源於一個念頭。如果你把心思專注在自己不喜歡的事情上，那些事情必然因此放大。我想強調一個很重要的觀念：**你生命中遇到的每個問題，都是你心裡的感受**。你的心思遇到一件事情，如何處理消化這件事，決定了它是否會成為問題。

如果你知道，你生命中任何問題都是你心裡的感受，你必然明白這些問題的解方，也必須從你的心出發，不可能由你本人之外的人事物來解決。如果你認為是某人讓你變得這麼悲慘，把他送來我這裡——我會治療他，然後你就會好多了。這說法當然很荒謬。我們都心知肚明，問題和解方都在自己心裡。記住，力量永遠在你自己心中。

你整天在想什麼，決定了你會變成什麼樣子。舉例來說，想像你是業務人員，要去和客戶開會。如果你的心、你的人性、你的神性、你和永恆的連結、你這個人的存在（這是無形的，但困在一個叫作偉恩或喬或莎莉的包裝裡）都被負面想法纏住，怎麼辦？如果你滿腦子只想著：這筆交易談不成的、我不擅長這工作、我對這種事經驗不足、這人已經東拉西扯很久了，根本不打算簽約……，如果你只想著這些，要怎麼把事情做成？你心裡怎麼想，你就會變成你想的那樣。

所以別讓心裡塞滿負面想法，是很重要的。如果想找負面的事，你一定找得到。想看到世界上種族歧視的情況增加，你只需要環顧四周。但如果你希望看到世界上的人與人有更多的互相友愛，也不會失望；你自己就能發揮這份友愛。要產生集體的覺知，從我們每個人開始。

你所想的事情會被放大，這是首要法則。第二個法則是，**你想什麼事，那件事便已然存在**。這真的很重要。在意念的世界裡，你想的一切都已經存在於你的心裡，而不在別處。你內心想像著、相信著的事情，都可能成真。你一定要明白這一點……你的孩子也是，尤其是當他們自認做不到某件事的時候。

我女兒桑瑪小時候，我會躺著用手臂舉起她。舉起其他孩子時，我都能伸直雙臂，他們會自己平衡，但桑瑪不太懂得怎麼平衡，會掉下來。有一天我決定嘗試一個辦法。我在開始的時候問她：「桑瑪，爸爸寫的那本書，書名是什麼？」

「相信什麼，就會看見什麼。」

「那妳相信嗎？」

「我相信！」

「大聲一點，我要聽見。妳相信嗎？」我問。

「我相信！」

「妳相信什麼？」

「我做得到！」她說。

然後我再把她舉高：「妳可以想像自己做到了嗎？妳可以讓自己平衡嗎？妳有能力做到嗎？」

「我做得到，我做得到！」

「很好。」我說。果然，當我舉起她時，她毫無困難地讓身體平衡了，只需要改變想法就能辦到。

同樣地，會游泳的孩子，和不會游泳的孩子，差別在哪裡？你以為一個孩子學會游泳的那一刻，是瞬間擁有了本來沒有的身體能力嗎？不，他們是有了新的信念，而且依照這個信念去行動而已。騎單車或任何這類的事情也一樣，都源於意念的改變——身體只是依據意念而調適而已。就像蘇菲主義[7]所說：「若你心中沒有寺院，你在寺院中永遠找不到自己的心。」我的意思是，你要明白，你所思所想的事情都會放大。你所有的意念，構成你這個人，而所有你思考的事情，已經存在。

讓意念成真

要讓意念成真，就要願意付出相應的代價。你會注意到，我並不說你要努力、要奮鬥、要打拚、要讓自己闖越重重難關。這套哲學裡的關鍵詞是「**願意**」。你必須心甘情願。

我就是向來願意付出所需代價的人。我童年時期在育幼院和寄養家庭中度過多年，我總是願意去做那些能讓我和其他孩子（包括我哥哥）都能愉快度日的事情。我寫《為什麼你不敢面對真實的自己？》一書時，他們告訴我「我們沒有廣告預算」、「不，我們沒法讓你去巡迴宣傳」、「不，你不能上這些節目」之類的話。我這輩子每次聽到有人說「不」時，總是發自內心感謝他們，因為他們推了我一把，刺激我去做一切能實現目標的事。

以《為什麼你不敢面對真實的自己？》一書來說，我心甘情願去做的事包括：花費人生中

---

7 蘇菲主義（Sufism），伊斯蘭教中的神祕主義，主要追求為提升精神層面，生活方面有嚴格的紀律，並認為可以透過冥想及導師接觸到阿拉。西方學界將蘇菲主義稱為「大眾的伊斯蘭」。

兩年的光陰，到全美各地去賣書。他們告訴我，要讓每個美國人都聽到我講的話，唯一方法是上遍所有主要的談話節目，但那些談話節目的製作單位都沒聽過偉恩·戴爾這個人。於是我發現，要讓每個美國人都聽到我講的話，還有另一個辦法——就是走近所有美國人。我試著去到全美各地，去上地方電視台或廣播電台的節目。當時，大部分節目如「早晨哥倫布[8]」和「早安，傑克森維爾[9]」，只要你有新的酪梨醬食譜就願意邀你上節目。我開心地出現在這些節目上，所到之處都帶著我的書，親自售賣。

我只是去做我認為要散播訊息必須做的事，我不對自己說努力才會成功，不努力就可能失敗。畢竟，失敗是別人加諸於你的評論。覺醒之人不會相信別人的這些評斷——他們只傾聽內心的正面訊息。

做個理想主義者

很可能已經有人對你說，從高我（higher self）的視野過人生太過理想化。他們要你實際一點看待自己能做什麼、不能做什麼，還告訴你生命必須受到哪些限制。理想主義者在我們的文化裡遭到很多批評，批評者會語帶侮辱地說「你真是個愛做夢的理想主義者」之類的話。

我最愛的詩人之一威廉．布萊克[10]（William Blake）說過這句我很喜歡的名言：「感知之門若能淨化，人就能看到事物的本質：無邊無垠。」你能想像，在你的現實裡，一切是無邊際的嗎？如果你培養出這樣的覺察力，你的現實就不再由實體世界定義。這才是我要你仔細檢視的現實，也是我總是在思考的事。從最小的量子層級來看，所有事物都只是能量，因此在一個只有能量、沒有形體的世界，你眼中所見都是由你創造的。我一直很喜歡人類學家瑪格麗特．米德[11]（Margaret Mead）所說：「不要懷疑一小群深思而盡責的公民能改變世界；事實上，只有他們真正改變過世界。」再一次：如果你能在心裡構想一件事，就能在生命中將它創造出來。

由此推論，如果你沒能在心裡構想一件事，自然也無法在生命中創造出這件事。為了創造

8 「早晨哥倫布」（AM Columbus），俄亥俄州首府哥倫布市WCSI廣播電台的節目。

9 「早安，傑克森維爾」（Good Morning, Jacksonville），佛羅里達州北部「第一海岸區」的地方電視台節目。

10 威廉．布萊克（William Blake，1757-1827），英國詩人、畫家、浪漫主義文學代表人物之一。「一沙一世界，一花一天堂」為其著名詩句。

11 瑪格麗特．米德（Margaret Mead，1901-1978），美國人類學家，一九七八年逝世後隨即獲授總統自由獎章。米德於一九三五年出版的《三個原始部落的性別與氣質》一書中討論性別議題，改變了性別的刻板印象，被視為女性主義的先驅。

出一個偉大而自由的存在，你要先在心中構想它。如果你是一個現實主義者，認為「我只能跟著感官的感覺走，只能跟著我看到、聽到、觸摸到、品嚐到、嗅聞到的感覺」，那麼你註定無法完滿。舉例來說，當我準備站上講台、聽眾席有數千人在等待，我確實會緊張。但我會想像自己有能力不帶講稿就站上台，在一大群聽眾前演說。於是我就感覺好多了。

我女兒絲凱十二歲時，有陣子她準備要第一次站在一大群人前面唱歌。這是讓她很興奮的美妙時刻，但她也很害怕。於是我問她：「我知道妳既興奮又緊張，但妳能想像一下自己在唱歌嗎？」

她說：「可以，我真的可以。」

「那妳只需要帶著妳想像的畫面，妳就能搞定其他一切的細節。」我向她保證。最後她表現得很好，一切完美。

如果你說：「可是我從來沒做過，這對我來說是全新的，我一定會表現不好。我可能會跌倒或忘詞。」那你就成為那種只會說「我只是凡人」的現實主義者。你為自己設下各種限制，這些限制就成了你仰賴的生命藍圖。

身為人生的建築師，你不會想要仰賴一份限制重重的藍圖。你想說：「是的，我是理想主義者，我當然相信世界和平可能成真。」與其多方設限，我們可以做的是：創造一個沒有核武的世界，並且和那些認為此事不可能發生的人和平共處。這一切到底要怎麼做到呢？當然必須有理想主義者。

湯瑪斯．愛迪生（Thomas Edison）就是理想主義者，他心裡想的是：「是的，我們可以照亮世界。」亞歷山大．貝爾（Alexander Graham Bell）也是理想主義者，他想的是：「我們當然可以用電話和別人溝通。」如果你是現實主義者，一定聽過太多次別人說「這些與那些限制著你」。要記得，你是觀察者，神授的見證者。你看著這一切發生，而你清楚在開悟之路上沒有限制，也沒有邊界。

為了成為理想主義者，你必須先信任直覺。從現在開始，默默地認定你能定義自己的現實，而你的定義立基於自己的內在智慧。當你相信自己會成功，你相信的是創造你的那份智慧。你的直覺非常強大。當你讓它成為支配你生命的力量，你就能消除所有攔阻你、束縛你、抑制你的「現實」悲觀主義。

在我的《日常智慧》（*Everyday Wisdom*，暫譯）一書中，我寫道：「如果祈禱是你對神說話，直覺就是神在對你說話。」這個直覺的認知、這股內在的驅動力、以特定方式直接推動你的力量，確實是神在對你說話。如果忽視了這股直覺，你會付出很大的代價。

我們都曾忽視過自己的直覺，而我們總是在事情過後說著：「我就知道當時該說不、我就知道當時不應該那麼做」，然後陷入負面心理與自我中心的麻煩裡。但是，遲早我們會無法再忽視自己的直覺。我們會開始和神協同合作，而不是對抗祂。

想想你是否曾相信某件事會成真，但後來別人都說不可能。我想到一個例子，我曾相信自己很擅長素描，但小學四年級時，有個老師跟我說：「這是我看過最糟糕的素描。你很不會畫圖。」一直到多年後的今天，我還是帶著這個很蠢的看法，這個小學四年級時某人對我畫畫能力的評斷。

把所有你相信的事全想過一遍，也許是別人傳給你的宗教信仰，或者那些你讀到、傳達給你、而且影響你很深的事。現在，你承認：「也許是這些事導致我的心智太封閉。」開始檢視這些你相信的事，然後說：「現在對我來說，沒有事情是不可能的。我要捨去所有古老的觀念。」如果列出清單，很可能會發現有一百件事情要一一劃掉，你會發現，現在這些事已不需要再為你的人生掌舵，不再影響今天的你。

接著我要你做的事，是試著創造出你的新現實。設想一下你希望發生的事，或者你想遇見的人——任何對你很重要的事。專注去想它們在你的生命中成真。注意所有能幫助願景實現的小事。過一陣子，你會發現你的現實已然改變，而你共同創造了這個現實。也許你要花點時間，才能相信自己有能力創造出理想的自己、能見到你希望出現在生命中的事物；不過，只要你持續將這樣的內在願景放在最前面最中心的主要位置，你的願景終究會實現。

筆記練習

試試這個卡文斯基教授指定的作業：安排三個半小時的空檔，用這段時間寫下你是誰，不帶任何標籤，看看最後你會寫出什麼。這項練習能幫助你看到什麼？而你可以如何把這強大的存在，放在人生最前面最中心的位置，讓你的想望更快成真？

第二部

真正的成功

成功不是快樂的關鍵。

快樂才是成功的關鍵。

熱愛你所做的事，就會成功。

——艾伯特·史懷哲（Albert Schweitzer）

第5章 探詢你的內在訊號

「成功」這個概念常與人心是否快樂連在一起。沒錯，成功與快樂都是內在的概念——是你的一部分。如果你的內心有成功的概念，你會將它帶到你所做的每件事。你把成功帶給你的孩子，而不是透過「正確」養育孩子而獲得成功。你不是藉由達成交易而獲得成功，而是將成功帶到一筆交易的各方面。你不是想著自己的佣金或銷售配額才得到成功，而是專心服務你的顧客。你忘記你要去獲取的一切事物，只純然享受你在開悟之路上的發現。只要努力用你選擇的方式去過你自己的生活，把每一天都過成奇蹟，成功就會來到你的生命中，而且程度遠大於你的預期。

有一個很棒的寓言能說明我要講的重點：巷子裡有一隻老貓和一隻小貓。小貓正追著自己的尾巴，老貓過來問了：「你到底在幹嘛？」

小貓說：「我上過貓咪哲學學校，我學到世界上有兩件事對貓很重要：第一件事：快樂是最重要的；第二件事：快樂就在尾巴裡。所以我想到，只要我不斷追著自己的尾巴，最後終於抓住它的時候，我肯定能擁有永恆的快樂。」

老貓回答：「你知道嗎，我不像你有機會去上貓咪哲學學校。我一生都在巷弄裡閒逛。但這樣的生活真的很棒，我學到的事情和你一樣。我知道對貓來說，快樂是最重要的事，而且它確實藏在我的尾巴裡。你和我之間唯一的差別是，我已經發現，你只要做你該做的事，做那些對你很重要的事，那麼無論你去哪裡，快樂都會跟隨著你。」

成功的道理也一樣。

正如我說過的，自我挫敗的人因外在事物而行動。至於成功，他們也是朝自己以外的方向去追求，去獲取某些東西、去達成某些成就等等。以內在為動力的人則做他們認為對的事，只要不傷害他人的事都可以。他們會在自己的內心找到成功。

必要時，以內在為動力的人願意承受暴行，願意挺身而出對抗現有權威，以達成他們想做到的事、或他們相信很重要的事。要成為那樣的人，根源在於探詢我所謂的「內在訊號」。選擇權在你手上，你永遠都要追隨自己內心的指引。不要讓別人或外在因素告訴你該怎麼做。

意見、名聲都不重要，你應該關注的是自己的特質

談到別人怎麼想，很重要的是，要知道他們的意見只是他們的意見，不見得是最好的，甚至不見得是對的，至少對你而言不見得對。它們不一定值得當回事，僅是另一個人的判斷。

意見本身不具備什麼價值，是我們對意見採取的行動，才讓世界有所改變。因此，我已學會如何處理他人的意見：記得那些意見傷害不了我，也摧毀不了我；那些意見絲毫貶低不了我這個人的本質。

就像意見一樣，名聲也是毫無意義的概念。如果我跟一千個人講話，就會有一千種有關我的意見。這些意見都很獨特、而且不一致，我也不知道那些意見是什麼。這些意見結合起來，大概就構成了我的名聲。有一千種關於我的名聲，而他人對我說的話會有何觀感，完全不是我能控制的。我的名聲不在我掌控之中，而是掌握在別人的意見中。

泰瑞．科爾－惠特克[12]（Terry Cole-Whittaker）寫過一本書，取了我見過最好的書名：《你怎麼看待我，與我何干》（*What You Think of Me Is None of My Business*，暫譯）。我對這書名再同意不過。我不在乎我的名聲，對它毫無興趣。既然名聲是身外之物，只存在於其他人心中，

它就真的與我無關。無論我做什麼，無論我在什麼層次做這件事（無論我站在卡內基廳的舞台上，或和朋友相聚），其他人怎麼看待我，只和他們自己、和他們所在的位置有關。

我多次擔任《今夜秀》（*The Tonight Show*）的嘉賓，每次都會收到觀眾來信。我在節目上講的笑話或某句笑談，都會鼓舞大概五十個人寫信給我。有些人在信中說：「那個笑話真好笑，真的太棒了，你太厲害了。」也有人會寫道：「你竟敢講那種笑話？那一點也不好笑。」還有其他人會說：「我覺得你講的話不得體，品味很差。」這些信中的意見都不一致，它們都和我的名聲有關，但都和我無關。我只是講了個笑話，至於那些聽眾是什麼狀況，我並不清楚。

我已學會不關注自己的名聲，而是關注自己的特質。特質屬於我的內在，永遠由我自己掌管。我永遠無法為別人對我的觀感負責，因為那是他們的意見，他們有權評斷我；但我要再說一次：別人的意見不是我能控制的。我能控制的只有我自己的特質，它源於我內在的思想與愛，而不是來自我的名聲，不是來自別人怎麼看我。

我曾同時收到兩封信，都是有關我寫的一本書。其中一位寫信者說，這是他讀過最好的

[12] 泰瑞・科爾—惠特克（Terry Cole-Whittaker, 1939-），美國作家，世界著名靈性導師，在美國出版多部暢銷書。

書，徹底改變他的生命。他把生命的轉變全都歸功於我，因為他讀了那本書。同一天，在同一疊信件裡有另一封信，來函者認為那本書寫得太糟了，他要求退貨。於是我這麼做：我寄了一封很友善的信給那位寫憤怒信的讀者，又寫了一封消極的信給那個寫正面讚賞信的讀者。我的信主要表達的是「你可能是對的」（而非「我是對的，你是錯的」），寫完後簽了我的名字。

這類例子讓我們知道，讓別人的想法主宰你的生活有多愚蠢。別人的想法只是別人的想法，如果你的生命仰賴這些外在動機度日，永遠無法享受真正的成功。

隱藏的機會

假設你採納了別人的建議，但那些建議對你並不管用，與其失望和責怪別人，不如試著重新架構自己的想法，為自己的選擇負起責任。舉例來說，如果我的股票經紀人建議我買某檔股票，但我買了以後股價下跌了，其實終究是我建議自己買這檔股票，而不是他的建議要我買的。我採納他的意見，然後告訴自己：我想買這檔股票，在短時間內賺到錢；他說這檔股票會漲，我相信；我要買這檔股票，這是我的決定。如果股票下跌，不能怪他。也許我需要換一位股票經紀人，但我要為已發生的損失負責。

所有發生在你身上的、你認為不好的事，例如挫敗或損失，其實都隱藏著機會，這些機會能讓你更強大。所有問題的解決之道，種子都埋在問題本身。解方總在疾病裡：感冒中隱藏著超越這個病毒的機會。酗酒成癮之中也埋藏著種子，讓你能超越過去曾控制你的事物。這就是為什麼酗酒者在戒酒後，第一件事常常是讚頌自己曾酗酒。他們說：「這是發生在我身上最棒的事情之一。我尋求幫助，而這拯救了我的生命。」

對於那些讓你人生最痛苦的人或境遇，你應該要非常感謝，因為他們迫使你好好地檢視自己。你勇於面對的人事物控制不了你，因為你已經處理了、放下了之後繼續前行。你不面對的人事物才會控制你：過重的人不願面對自己的暴飲暴食；工作狂不願面對自己工作過量的事實；處在關係裡的人不願面對彼此之間的問題。

如果你無法在一段關係裡說不，到最後，你就必須對這段關係說不。我的意思是，你必須在自己和他人之間劃出界線，包括最愛你的人，例如你的伴侶、孩子、其他家庭成員、朋友……等等。你一定要讓他們知道，你必須做自己，如果他們希望你成為你做不到的樣子（而那個樣子和在開悟之路上的你有所衝突），你一定要說不。你必須為自己挺身說出：「不，我不能那麼做。我不能成為你微不足道的受害者。我不能當你的僕人。我不能當那個你想控制的人，不能讓你來告訴我在什麼時候，我應該要到哪個地方，或者我應該怎麼想。」相信我，說出這些話，反而能強化你和對方的關係。

要說「不」，需要花很大的力氣。帶著愛，帶著自己的尊嚴和對彼此的尊重，以及堅定與努力，你可以做到的。請別說「你在控制我」，你要強調的是你所做的努力：「我必須對你想要我做的事說不，因為我無法成為你想像的我。」這樣一來，你永遠不必對這段關係說不，因為它會成長茁壯。我要再次提醒：你不面對的事——那些你一直忽視、希望它們會自己消失的事，才會真的以負面方式控制你的生活。劃出界線能幫助你翻轉這種情形，讓你能在任何情況下為自己挺身而出，無論是對最深愛你的人，或者是對那些甚至不認識你的人。

想像你被一個店員無禮對待，即使是這樣的關係，你也可以說不：「不，我不要受到這樣的對待。我認為你很好，但我不希望你這樣跟我說話。我要退貨。」或者，在其他的情況下你也能說不。你不必氣呼呼地離開還被虧待。你必須有能力帶著內在的信念、帶著你內心的愛去應對。

你知道你的內在信念源於你的想法。你要教會自己能預期所有發生在你身上的事，都會產生好結果；教會自己遇到人們與你意見不同時，要抓住機會用自己內在的力量去回應。而這股力量永遠來自愛。

你無法給出自己沒有的東西。如果你不愛自己，那麼你也無法愛別人。所以，最重要的是愛自己。這與自大無關。很多人都沒弄清楚，以為愛自己的人必然自大。要明白，自大只是以外在事物為動力、尋求別人肯定的另一種形態。如果你必須告訴別人你有多了不起，才能自我感覺良好，那麼他們對你的看法就控制了你。這就像你為了讓別人喜歡你，放棄了自己個人的力量。這和愛自己完全沾不上邊。

那些不設限的人，內在會進行著我所謂的「寧靜戀愛」。如果問他們：「你愛自己嗎？」他們會回答：「當然愛。這就是我的本質。為什麼我不愛自己本來的樣子？」因為愛自己是最理所當然的。愛自己的人忙著過日子，專注於自己關心的事、做自己該做的事，沒空注意到鄰居在做什麼，或別人說了他們什麼。他們當然不會因為自己生命中發生的事去怪罪任何人事物——他們只探詢自己的內在訊號，這些訊號向來出自愛。

用愛建立聯繫

你要記得，存在於宇宙間的愛的力量，永遠等著每一個人。無論你是誰、身在何處、生命狀態如何——無論住豪宅、蹲大牢、或無家可歸，愛的力量不會有任何差別。你是無與倫比的。你是宇宙間神聖與美好的一部分。只要你試著這樣想，我敢說，你的生命會發生非常戲劇化的轉變。當然，我無法保證這方法對你一定有用。我只知道，所有我聽說曾嘗試這條愛的途徑的人，都發現過去的問題已不再是問題。

我們可以想想看，如果我們將普世的愛的力量帶入企業文化，會發生哪些事？依照現有的情況，企業中的權力結構通常是由上而下，向下傳遞命令——從最頂端的大老闆，到副總裁，再到協理，依此類推一直向下到一般職員與實習生。在這個架構中，握有權力是為了盡可能得到更多的權力，於是人們不斷累積權力，好爬上權力階梯，登上「頂端」。但宇宙運作的是另一種組織流程圖，稱為「人際網絡」（networking），與愛有關。在這一邊，每個人釋出權力，而非累積權力。所有人致力於同一目標，一心幫助組織內的其他人。在這組織中，沒人想要任何權力，就好像只要把權力給某人，他們會說：「不，那不適合我。」然後他們會把權力再傳給其他人。

建立人際網絡是個非常好的方式，能讓你達成任何事。這就好像用口耳相傳的方式過生活：如果你有某個想法，就免費送給別人，他們得知這個想法後，再傳遞給他人，然後想法就會不斷流傳。當你把想法推送出去，這個過程可能影響整個世界，所以請不斷努力和每個人建立關係。與其拚命取得權力、要別人幫你做事、在線性組織結構中讓別人置身在你之上或之下，不如將人人視為平等，大家都能做出貢獻。我就是這樣看待自己。

每次我送出一本書，就覺得自己和別人產生聯繫。正如我說過的，我做這些不為了錢——我熱愛我做的事、對他人的生命產生影響。每當我在一個組織發表談話時，我會問：「你們要錄音嗎？」通常他們會很緊張，說：「我們還在考慮，但不確定需要花多少成本。」我回答：「何不弄台錄音機就好，這樣你們就能把我說的話變成訓練內容，讓組織中所有人都聽到？不必花什麼錢，也不必做成什麼龐大的製作。」在這些情況中，我想的都是，與人建立關係真是太棒了——如果你真心誠意，說著美好的事，幫助人們改善生活品質，那麼你會希望這些美好的事物，讓愈多人聽到愈好。

這確實兩全其美，因為我認為，只要有人聽了我的錄音後，再推薦給別人聽，後者很可能會說：「嘿，這錄音真的很棒！我要去買他的書。」即使賣書不是我的目的，但我真的獲得豐富的回饋。

當然，人人都得餬口，賺錢並沒有錯。所有為我製作商品的人，從編輯、行銷人員、設計及包裝人員、倉儲人員，都能從中獲益。但每次他們傳播我的商品時，他們也加入了這個人際網絡，因為某人將改善他的生命，之後他會向他人推廣，不斷聯繫下去。

這就是人際網絡的運作方式。你不是只想到自己，而是將自己所得分享出去。分享得愈多，回報就愈多。很重要的是，要記住，如果你分享事物是為了得到回報，那麼你永遠不會滿足。你會永遠想要更多，因為你已陷入「欠缺」的思考模式。如果你知道自己擁有的已經足夠，你會對此非常感恩，雖然聽起來反常，但你將因此迎來更多。

這就是開悟或更高層次意識的真義：**我擁有的已經足夠。我擁有的一切，足以讓我享有全然的安寧與幸福。我再得到的其他事物，只是額外的獎賞。**這就是人際網絡的意義，而你永遠可以帶著愛與人聯繫。

你的重要性與價值

你的重要性並不是來自成就。你身而為人的價值，不是由輸贏來決定。如果你必須贏得某些東西才能建立重要性，那就必須有人輸。如此一來，你是不是贏家，就得由變成輸家的人來決定。如果他們不合作，輸家就是你。

如果你總是為了確定自己的價值，而小心翼翼地擔心周圍的評價，那麼你就是把決定自己價值的權力交到別人手裡。你希望對方賺的錢沒你多，或客戶比你少。但難道你不明白嗎？這樣一來，你的人生將被外在動機掌控。有人的客戶比你多一個，那就表示你是個失敗的人嗎？當然不是。

你的價值，取決於你相信自己是誰。你的價值只來自你選擇的想法，而你願不願意、能不能去思考你的想望，完全掌握在你手中，決定權在你，沒有人能奪走。你永遠都能用你選擇的方式，思考你想要的一切。因此，在決定你的人生要用什麼方式度過時，與其繼續被外在事物牽著鼻子走，不如學著傾聽自己內在的聲音。不必希望別人過得不幸、不必傷害別人、不必踩著別人往上爬。

生命中最重要的學習，是賞識自己。你要知道，你既獨一無二，也是宇宙的一部分。也就是說，我們都以某種方式與他人聯繫著——如果地球上有一人挨餓，那麼全人類都受飢餓所苦——但在這世界上，你依然獨特。你必須融合二分法造成的對立關係，告訴自己：我是男性也是女性；我能做男人做的事，也能做女人做的事，我不必擔心我做的事太過女性化或太像男人。我可以溫柔，也可以哭。我用一己的正義去維護自我信念時，也會留下空間去聽聽別人的說法，甚至願意改變自己的信念。我相信自己特別而且獨一無二，同時，也留下很大的空間去扮演全人類的一份子。

你要理解到，當你此刻坐在這裡，你腦中的所有思考不屬於別人，只屬於你自己的。你佔有的這塊空間無人共享，也無人佔有過。而你必須努力理解哲學家所謂「存在的孤獨」——在宇宙中，你孑然一身，你必然經歷孤獨；但絕不能因此消沉或憂傷。沒有人能鑽到你的眼球後面，去體會你所感受的、去閱覽你所經歷的，除了你自己。你可能身處滿室人群中，但仍感到孤單；你可能在和你最最深愛的人翻雲覆雨，但仍覺得孤獨。你總是用你獨一無二的方式經歷人生。

自古至今，沒有人能了解自己、了解宇宙、了解何謂成為不設限的人，除非他們先達到內在的平靜——這永遠無法從外在獲取，只能從內心感受。學會如何感受自己的獨特、如何探詢自己的內在訊號，能幫你找到方向，引領你走向長久且真實的成功。

筆記練習

到目前為止，你認為什麼事物代表成功？住好房子、享高薪、滿櫃華服、或率先擁有最新的電子產品？把這些寫在筆記上，然後花幾分鐘時間，設想一個新版本、以內在為動力而獲取的成功。如果不當一隻追著尾巴跑的貓，你會是什麼模樣？把這個答案也寫下來，然後看看哪一種版本，能真正讓你獲得共鳴。

第6章 多一點正面思考，少一點負面思考

不久前，有位摯友發現他得了癌症，以他這個年紀的男性來說，是一種嚴重的癌症。醫生先告訴他確診罹癌的消息，然後說：「你有十五秒可以下定決心：是癌症會擊垮你，還是你會擊垮癌症。你有十五秒鐘，如果你心想：不可能的，我辦不到，這太不公平了。如果你氣到不行，如果你憤怒不已，告訴自己『不應該這樣，為什麼是我？』那麼你只會是另一個罹難者。「但如果你能讓自己相信，你有機會為這場病努力，它可能是你人生最大的試煉之一，那麼你就有機會擊敗它。」

我的友人立刻決定他要擊敗癌症——而他也確實辦到了。每當我想起這個感動人心的故事，它都提醒了我：其實我們每個人的內在都有能力，可以做到最了不起的事。

大腦是一個非常不可思議的儀器。是的，我們每天裝載在雙耳之間的這個東西，涵蓋的範

圍其實廣袤而巨大，由數兆個細胞組成。它有能力做出幾十億又幾十億個決定；有能力將事實與經驗儲存在可終生保存的記憶銀行裡；它有能力學習並記住如何計算、如何說多種語言、如何做到幾乎所有我們想做的事。事實上，有估算顯示，如果我們試著將一個人腦和它的所有能力複製到一台電腦裡，這台電腦所佔的面積會像德州一樣大。想像一下，你曾經開車橫越德州嗎？如果車速每小時七〇英哩（約一一二公里），從一頭開到另一頭要花上一整天。那是一塊很大很大的土地，也確實說明了人腦的能力。

你擁有這台絕佳的電腦，但你使用了它的多少能力呢？幸運的話，也許用到了德州帕索市（El Paso）的一個鄰里的能力吧。它能做這麼多事，你又給它多少讚賞呢？大腦什麼都能辦到，它是你的意志力，是你的生命。一切全都在大腦這台電腦裡，你卻只使用它的一小部分。現在，該是改變的時候了。

我常狐疑，為什麼這麼多人忽略我們與生俱來的偉大能力，容許自己深陷在日常生活的泥淖中？我想這和消極態度的滋長有關，大家通常只注意那些讓人消沉低落的事。舉例來說，我這輩子從來不去想自己會失業。我聽家人說過有關大蕭條（Great Depression）的故事，很多跟我談過話的人都在那個時代生活困苦，但是，他們都找到方法撐過去了。我比較喜歡關注我們有能力做什麼。即使這些年來，很多人試圖訓誡我人的能力應該有限，但我不信。

我發現，我所遇見最高層次的人，都是那些我所謂的「正向思考者」，他們熱愛世界，與世上一切人事物。然後，就像我們應該多多利用大腦一樣，我們可以學著對生活中的大多數事物正向思考。

單台裝袋員與雙台裝袋員

年輕的時候，我曾經當過多年裝袋員。直到今天，我上超市購物時都會觀察裝袋員的技巧如何。排隊結帳時，我總是會看到我所謂的「單台裝袋員」，他們會小心翼翼打開袋子，拿起一個豌豆罐頭仔細看一下，然後放進袋內。在此同時，結帳商品則不斷湧來，擠滿了收銀台，收銀員只好停止結帳動作，協助裝袋員的工作。這些裝袋員的態度就好像「我有辦法讓世界上所有收銀員停下手邊工作來幫我」。他們壓根不在乎別人得停下工作，工作步調非常緩慢，帶著漠不關心的態度工作。而他們也同樣用這個態度過生活。

然後我會注意到另一種裝袋員，我稱作「雙台裝袋員」。這些裝袋員會同時在兩個收銀台工作。他們來來回回忙著裝袋，但樂於接待顧客、問好等等。他們的裝袋迅速有效率——不會壓壞雞蛋或麵包。他們會把袋子裝滿並好好放進顧客的推車，然後再到另一個收銀台重覆同樣動作，完成後再回到第一個收銀台，不斷地反覆進行，好像在和自己比賽。

我以前一直是雙台裝袋員，現在還是。事實上，我現在也不會讓別人碰我買的商品，我要用我的方式裝袋。我希望他們立刻就裝好，我不想站在那裡等裝袋員邊幻想自己的生活在裝完我買的東西之前就會變好，一邊緩慢地將商品放入袋子。我曾自認是裝袋員世界冠軍，就算是兩個店員一起裝袋，這世界上也沒有任何雙人組合可以裝得比我還快。有時候，我甚至會挑戰超市裡裝袋最快的前三名店員，告訴他們：「我可以一整天同時幫你們三個收銀台裝袋，你們的顧客絕對沒有人必須自己拿袋子來裝。」

我可以現在告訴你們，我預測剛才提到的第一種裝袋員的人生會是這個樣子：他一輩子都會是自我挫敗的單台裝袋員。他會一直當單台裝袋員，或是做類似的工作度日，回家跟妻子抱怨公司太惡劣，升遷都沒他的份，上司不喜歡他，人人都加薪但他沒有，大家都歧視他，太不公平了！他們怎麼可以這樣對待他！他會很沒有成就感，而且他會成為一個自以為是的專家。

他會認為自己做什麼、說什麼都是對的，因為他會說服自己：「我會變成現在這樣，都是別人、都是別的事情造成的，和我自己、我的工作態度、我生活的態度一點關係都沒有。都是別人的陰謀阻止我功成名就。他們不想讓我成功。」可悲的是，單台裝袋員鮮少改變。他們通常不懂要怎麼用能力回應人生，做出不同而且更好的選擇。

雙台裝袋員則可能會持續努力，而後擁有四家或五家連鎖超市。至少，他絕不會允許自己被擊敗，他會追求自我的進步，窮盡一生嘗試各種事物。對他來說，沒有失業這回事——無論大環境經濟如何起伏，他不會允許自己失業。如果他明天就要被裁員，他是那種會去投一百份求職信的人。被拒絕了一百次，就再投一百份求職信，他會一試再試，直到取得他想要的職位為止。他是會為自己創造機會的罕見人才。

要怎麼解釋這兩種裝袋員的差異呢？很多人都說不上來。表面上，這兩種人看起來都一樣——他們的薪水一樣、每天休息次數一樣、年齡和背景一樣——那要怎麼解釋其中一種人是單台裝袋員，另一種人卻是雙台裝袋員呢？為什麼會出現差別？是機會、天分、還是教育造成的？不，和這些都沒關係，而且也和社會科學家一直在尋找的那類因素無關。

他們之間的差異，就在毅力、動機與自尊心——人只要有這些特質，職業貴賤就不再重要。雙台裝袋員受到自己內在驅動，以祥和平靜的心態處世」。

明白嗎，付得起所有帳單、擁有一份好工作、結婚生子，都是很棒的事，但它們不見得能讓人內心平靜。如果你總是希求別人（包括你的兒女）帶給你平靜；你盡本分工作、小有積蓄，想因此獲得內心的安寧，你仍是在尋求外在事物帶給你滿足。除非你往內心尋找，否則你永遠沒辦法獲得真正的滿足。它永遠不會出現。

你需要一套全新的法則幫助你前進，讓生活簡單一點，愉快一點。舊有法則教你專注於外在因素去尋求快樂，例如取悅別人，或者做別人要你做的事。然而，想達到內在寧靜，你必須反其道而行：你必須探詢自己，取悅自己，不能裹足不前。你必須正向思考。

正向思考者總是願意敞開心胸

總是想著自我挫敗、思考負面的人對於未知非常恐懼。他們害怕做出改變，害怕踏入沒經驗的領域。他們只想安全度日，不想承擔風險。他們哀嚎抱怨一切代表改變的事物，這些事對他們來說太可怕了。他們害怕新觀念，拚了命只想留在熟悉的位置。

負面思考者充滿偏見，這些偏見絕大多數都不是基於事實。他們緊抓不放的想法是：如果沒有我認識的人，沒有我熟悉的事物，我會立刻拒絕，因為那太令人驚恐了。這一切都源於對未知的恐懼。他們不願嘗試移居新城鎮，即使那裡有大好機會。他們不願在人生中的某個時間轉換職涯，因為這太令人害怕，也可能失敗。比起面對可能失敗的事物，他們更想待在熟悉的領域。無論是親密關係、友誼、甚至是選擇餐廳，他們都不願挑戰。老是在同樣的地方用餐，老是用同個方式烹調肉類，從不嘗試不熟悉的菜餚——不是因為不喜歡，而是因為他們總是遠離未知的事物。

大多數人會接受未知，不會被嚇倒或止步不前。當改變來臨，他們能有效應對，不讓自己因改變而消沉。他們偶爾嘗試新事物，但他們交往的朋友，通常想法、行為舉止都與他們類似。他們傾向和心態接近、喜歡從事同樣活動的朋友來往。也許他們都喜歡打麻將或攀岩，也或許他們都喜歡同樣的書和電影。

和興趣相投的朋友交往並沒有錯，但容易落入這種窠臼：「朋友就是和我有共通點的人，我的朋友就是要這樣的人」。我並不是貶抑這種交友方式，只是想要說明大多數人之間的差異：有人心胸開放、願意接受新事物；有人總是自我挫敗，經常怕這怕那。

正向思考的人不會設限，樂於迎接未知。實際上，他們似乎對未知事物感到興奮，甚至會主動去追尋。這樣的人不需要事先安排——他們不必做計畫或設定目標，也不必事前拚命研究事情要怎麼辦妥。他們不對任何人心生畏懼，因為他們對人不帶偏見。他們不會對任何人事物預下判斷，對一切事物抱持開放心態，毫無偏見。

打個比方，自我挫敗的人永遠不想試著學習外語。他們會說：「我不會講任何外語，是因為我在高中沒學過。」但他們忘了自己還有六、七十年可以做任何想做的事，包括學習新語言。

覺醒之人會在九十歲時看著一張外語課表說：「我要學西班牙文，我從來沒講過西語。」然後他們就會去報名課程，嘗試新事物。

另一個故事可以說明這兩個類型的差異：兩個人走進一間新開的餐廳。服務生遞上菜單，上面寫著該店招牌餐點是牛舌三明治。

其中一人看了菜單會說：「舌頭！太噁心了！」

另一人則會看著菜單說：「舌頭。嗯……沒吃過，我要一份雙牛舌三明治！」

第一個人回應：「唉唷，你真噁心。你居然吃舌頭？光是想到我都作嘔。我不懂一個文明人怎麼會吃那種東西。」

服務生說：「您不必吃牛舌三明治，可以吃別的。您要點什麼？」

「我要老樣子，蛋沙拉三明治，要加很多美乃滋。」

愛因斯坦（Albert Einstein）總是會漫遊到神祕未知的領域，他曾說：「只有神秘與未知，能帶給我們最美麗的體驗」想像一下，當我們在前進途中探索未知時，如果仰賴的是自我挫敗的人會如何？在地理大發現的時代，這種人會說：「才不要呢，別騙人了，我才不要搭船出航，從地球的邊緣掉下去。」要是當時沒有人說「也許地球並沒有邊緣——我們一起去找出答案吧？」事情會變成怎樣？

你會發現，如果你做事總是一成不變，就不會進步。如果你只想維持原狀，只想選擇熟悉的地方，從不嘗試新事物，那就絕對不可能成長。

不設限的人則對未知感到興奮。要如何成為這種正向思考的人呢？也許你可以試試不帶地圖去旅行。當你到達一間旅館但正好沒有空房，那就去找別的旅館，或者睡在車裡、睡在星空下，或乾脆一路向西——每當轉彎時，都確認自己是往西走。也許有些人會覺得：「什麼？他瘋了嗎？」不過試試看吧，無論抵達何處，你都會沒事的。

在公園裡赤腳走路，或在沙灘上做愛。無論做什麼事，做的方式一定要和過去不同。改變度假方式，別再去二十年來每年都去、連旅館房間都一樣的度假地點。

有些人一輩子都逃避接觸未知。雖然他們認為逃避才是對的，但待在舒適圈也沒辦法讓他們的內心感到平靜。如果他們不願意嘗試新事物，心就永遠無法平靜。

內在擁有成功，你就成功

當一個不設限的人參加派對，人人都穿正式服裝，只有他一身休閒，你認為他會怎麼做？他甚至不會注意到。不設限的人不去注意外表，不在意別人的穿著或外貌，他們知道，穿著不過是想穿什麼就穿什麼。倒不是說他們會在正式場合穿著網球鞋和纏腰布，因為會這樣穿的人其實也是故意特立獨行引人注意，別人的觀感依舊控制著他們。

談不設限的人，內在動機是很重要的概念。不設限的人選擇穿著時，不是依據別人會怎麼說、怎麼想、會有什麼感覺或會做什麼事，也不是參考別人的穿著。他們穿自己認為適合的衣服。他們到了某個地方，不會說：「噢，天啊，你穿了牛仔褲，但我穿的不是牛仔褲。」也不會說：「噢，我得回去換衣服，才能跟大家一樣。」其實還得有人說出來，他們才會發現自己的穿著不同於大多數人，因為他們根本不會注意到。

這和那些所謂專家的說法很不一樣。專家說，你必須注意每天外出裝扮的所有細節，如果沒有對的衣服，根本不應該出門！

我從不覺得和別人不一樣，對我的人生有多大的影響。我是說，我出現在某個地方時，如果和別人的穿著完全不同，根本不會有人在意，我一樣開心用餐，如此而已。要用最高層次的思考過生活，「不注意」的概念在這整個領域中非常重要。

請記得，當你追逐著愛，愛總會閃躲你；你追求快樂時，快樂總會閃躲你。不過，當你成為愛或快樂，它們就自然出現了。你並不擁有它們，是它們擁有你。要了解，愛自己或接受自己，必須理解自己來到世上的目的。你要知道，你做的一切都是它自己找上你的，而不是你找到它。

你的思考過程會使你在腦海中創造諸多想像畫面，這些畫面將促使你行動。只有你願意相信這些想像畫面會成真，它們才會實現。你的生命正以這個前提而運作，如果你想走上開悟之路，這是很重要的一點。如果你相信自己所想的會成真，你就開始看到機會。如果你不相信，你就會看見一堆阻礙。

我從未認為努力工作、做所有正確的事情，就會賺大錢、變成功。我認為這其中的因與果關係顛倒——成功的人做什麼事都會賺大錢、交到很多朋友，因為成功的人，內在擁有成功。他們就是成功。

筆記練習

在筆記上寫下你人生中負向思考的例子。有什麼事，是你一直想做卻害怕去做的？然後寫下，如果你不讓恐懼阻礙自己去做那些事，而是追隨內心真正的想望，結果會是什麼樣子？試著敞開自我，做個正向思考的人！

第7章 當一個有智慧的榜樣

過去我住在紐約時，我們會在陣亡將士紀念日[13]造訪當天開放的瓊斯海灘[14]（Jones Beach）。我們到達的那天肯定是大熱天，因為長島在五月末的氣溫通常可高達華氏九十度（約攝氏三十二度）。如果你想知道什麼樣的人是「不設限的人」，那些整個冬天都被關在屋裡的孩童絕對是最佳範例。他們知道只有這時候他們才能戲水，如果不好好利用機會，之後他們能玩到最類似戲水海灘的地方只有自家浴缸，就像之前的整個冬天一樣。

父母關心的則是海水的溫度。他們會想，三十天前海水還是結冰的，所以現在海水一定還很冷。他們到海灘坐下來或開始準備野餐時，還是持續在意著水很冷，即使氣溫已經是華氏八十五度（約攝氏二十九度）了。但孩子們會立刻衝進海裡，甚至不會注意到海水很冷；即使凍到身體有點發青，他們也無所謂。他們是在水裡，在海灘耶！太興奮太好玩了！他們不會想著有多可怕，甚至根本不會想到寒冷，他們享受最美好的時光！

父母也應該是去享受美好時光的，但他們卻在想：「看看那些孩子，才五月就在海水裡游泳。真不敢相信他們那麼瘋狂。」但瘋狂的是誰呢？孩子們自由自在、精力充沛地開心玩耍，父母的碎碎念卻讓他們無法好好享受這美好的一天、這美好的當下、這特別的境遇。

孩子們本能地知道，好的態度能發揮多大的威力。他們知道，如果期待在海灘享受好玩的一天，好好去玩就對了。即使是現在，你還是能擁有這股童稚氣息，你純潔、富有創造力、對一切事物都興奮不已，只要你釋放內在的小男孩或小女孩。

擁有快樂童年永不嫌遲

我明白，釋放「內在小孩」這個概念可能讓某些人不自在。如果你不曾擁有快樂無比的童年，我建議你試著了解，你很小的時候，自我意識就掌管著你了。如果你現在已長大成人，就

13 陣亡將士紀念日（Memorial Day），美國聯邦政府訂於每年五月最後一個週一的紀念日，悼念在各戰爭中陣亡的美軍官兵。

14 瓊斯海灘（Jones Beach），位在紐約長島南岸。

該停止把你這輩子做了什麼或沒做什麼、有能力或沒能力做什麼都歸咎於父母。我當了很多年老師，我很清楚，無論是教英國文學或幾何學，如果學生不想學習，就是拒絕學習，再怎麼教也沒用。沒人能奪走一個人的童年，除非是只會虐待兒童的人，但這是完全不同的主題，不是我在本書中要探討的。

如果你覺得是父母讓你在孩童時期無法做你想做的事，現在該是時候用自己的能力去回應了。如同我過去總會向諮商個案說的：「你當時不知道該怎麼和父親應對才有用。你不知道怎麼讓母親、讓爺爺奶奶等長輩，允許你得到你認為有權得到的東西。我了解你當時很幼小，你覺得他們很巨大，規則都是他們是制定的……。現在，是時候負起責任，去處理如何應對父母的問題了。」

然而，很多人只想把錯誤推給別人。他們尋求心理治療、和朋友談話，想出一堆自己人生不順利的原因。我和人們一起工作時發現，幾乎每個人都在找藉口，而不是為自己的人生負起責任。對於我的諮商個案，我向來堅持：「即使你在孩童時期，你也會做選擇。在學校，大約有五十個人會接觸到同一類老師，總有些孩子在回應這類老師時，做出和其他孩子不同的選擇。總有些孩子就是知道，自己不要被操縱、不要變成受害者、不要被欺凌。他們在年紀還小時，就知道要為自己相信的事挺身而出，那些都是他們的選擇。當時你也許還不知道怎麼做出選擇，或者你太害怕、或者沒有人鼓勵你去做；無論如何，重點是：為你自己身為一個人負起責任，並且畢生履行這項責任。」

我認識許多有好幾個孩子的家庭，其中有些孩子無論處於何種情況，就是很清楚要怎麼擁有快樂童年。即使處於別人眼中很糟糕的境遇，在其他人被這種境遇擊垮、覺得受人控制時，他們都能成長茁壯。我對這種狀況很熟悉，因為我童年有許多時間是在好幾個寄養家庭和一間育幼院裡度過，而且我從來不知道我的父親是誰。但我沒有讓環境擊垮我，我的人生過得很精彩。不過，我其實沒什麼特別的——每個人都可以不再駐足於過去，不再停留在船尾。

我認為很重要的是，要回顧整個人生，為你的回應負起責任。我的意思並不是父母的影響無關緊要，或者父母對孩子不會有深遠影響。但是，用歸咎父母的角度回首往事，對你沒有任何好處——你必須帶著責任心回顧過去，然後你才能調整態度，擁有美好的當下。

要擁有快樂童年，永遠不會太遲。永遠不會！如果你不喜歡自己的童年，那就現在把它改成你喜歡的樣子。你可能會說「當時我一間遊樂園都沒去過」，但是很多遊樂園現在還在營業啊。「可是我已經六十八歲了。」如果你想成為去遊樂園玩的三歲小孩，現在已經不可能了，但沒有事情能阻止你在這個年紀去遊樂園玩。遊樂園還開著，只要付入園費就能進去。你可以做任何你想做的事。這是很重要的概念。

曾有諮商個案告訴我：「我母親從不讓我騎腳踏車。她絕不會讓我騎車衝下山坡或把身體弄髒。」

我說：「我知道了。好，現在那裡有座山坡，上面有些泥土，還有腳踏車。基本上，你現在可以享受一切以前想做的事。」

「我來這裡付錢給你，可不是要你教我怎麼騎腳踏車！」

我回答：「我只是試著讓你了解，你不知道怎麼騎腳踏車，唯一原因是你從來沒騎過，從來沒經歷過反覆嘗試騎車的過程，這是學習任何事物必須經歷的過程。別再責備你的母親，這輩子都沒能挺身反抗她的是你，沒能在她的反對之下勇往直前的是你。如果我小時候，母親或任何大人不准我騎腳踏車，我絕不可能那麼在意這件事。但你卻出於某種原因這麼在意。你一直停留在原地，而我卻可以踩上踏板，學會騎腳踏車。」

要為你的人生、你的選擇負責的人，永遠都是你。當你學會用能力去回應，就不必花數不清的時間去接受心理治療和深度分析，只為了弄清楚自己是否受了嚴苛的如廁訓練、或是為什麼你母親比較喜歡妹妹、或任何這類人們經常為人生不如己意找的藉口。

不斷責怪父母，一味抱怨「噢，他們好老派」、「他們對我施加了好多規矩」、「他們真的很嚴厲」、「他們不懂我們這個世代」，對你沒有任何好處。你應該想清楚，要怎麼從現有的一切及現在的位置去努力。要怎麼得到生命中想擁有的東西，而不是一直置身於衝突之中。別總是想著你錯過的事物，別再責怪他人。你的父母有他們的處事方式，但你的人生是你自己的。

有效的教養

如果你為人父母，想教養出有能力的孩子，該怎麼做呢？你要知道，從旁協助孩子找到使命感，是為人父母的任務之一，但你無法代替孩子去做這件事。所以，舉例來說，如果你家有脾氣暴躁的青少年，你能為他們做的最棒的事，是用有智慧的行為以身作則。記住，你教人怎麼對你，別人就會那樣對你，所以你要以身作則，哪怕只有一小時，都不要讓別人的行為干擾你的生活。

你可以表明你隨時準備好幫助他們，可以跟他們談一談，解釋你在做什麼。但最終他們會知道，你是什麼樣的人，是從你的生活展現。與你說的話或叫他們做什麼事沒有太大關係。這非常重要。換句話說，如果你的孩子在學校拿了糟糕的成績回家，你要因此毀掉你生命中的一天嗎？問問你自己，成績不好是誰的問題——為什麼你要因此生氣，把它變成你的問題呢？

我要說清楚，我不認為應該忽視孩子成績不好，放任他想做什麼就做什麼。你可以限制他某些權利，或者幫他們找家教，但你絕對不應該大發雷霆，讓自己也痛苦不已。你可以在關愛孩子的同時，告訴他們，自己的所作所為都要自己承擔。當他們體認到這件事，他們會為自己的行為負責，並且接受自己行為帶來的後果。

我和那些無禮孩子的父母談話時，會問他們如何對待這些孩子。他們通常回答，他們為孩子準備午餐、洗衣服等等。舉例來說，如果你的孩子直呼你的名字，而你的反應是「喔，他只是在找尋自我……我還是會幫他做午餐，載他去運動練習、接他放學。」那麼這孩子有什麼誘因去改變自己的行為呢？

另一種方法則是告訴他們：「我無法強迫你尊敬我，或強迫你說什麼話，但我絕不會獎賞你的無禮。我會讓你知道，如果你要這樣無禮，那就離我遠一點，自己去無禮吧。我不會當一個老是在服務你、侍候你的僕人。」

我相信孩子會從做中學，而不是從別人幫他做而學習。如果你有八歲以上的孩子，你還在幫他們洗衣服，你應該審視為什麼會這樣。一個八歲孩子完全有能力操作洗衣機和烘衣機，這是很簡單的小事：你已經幫他們洗了八年的衣服，之後八年換他們幫你洗，然後再換你幫他們洗，直到他們離家獨立。這樣應該非常合理。

每當你自問應該為孩子做什麼的時候，要清楚知道：你不應該做他們的奴隸，你不應該成為受害者，你不應該為他們犧牲自己的人生。你真正應該為他們做的是，成為他們的榜樣：關懷愛護他人、用能力去回應人生中各種處境，而且除了孩子以外，你擁有更高遠的人生意義與使命感。如果孩子在你身上看到這些，他們自然會效法。如果你鼓勵他們獨立，是的，那就表示他們不會依賴你。另一個好處是，你允許他們去嘗試、去犯錯、做一切成長期間該做的事，成為一個健康的人。並且，在大部分情況下，不要示範如何容忍惡劣行為。

想像你和孩子在一間商店裡，他們說想要一塊泡泡糖。你說不行，但他們不肯放棄。你不斷拒絕，直到他們開始哭喊，然後你就投降了。「好吧。」你說，「你想要一塊泡泡糖，給你錢去投販賣機。」如此一來，你傳達給他們的訊息就是：想要一塊泡泡糖，必須抓狂大鬧才能得到。這就是你教給孩子的。

世界上每個孩子都曾經吵著要買泡泡糖，包括我的孩子。每當遇到這種狀況，我都會拒絕，然後他們會開始哭鬧——我則會說：「等等，真是好極了，讓大家都來看我們吧，我們乾脆表演給他們看。」也就是說，我會讓他們知道，我不鼓勵或容忍這樣的行為。他們無法威脅我、推倒我、操縱我、欺負我。

如果你的孩子不尊敬你，你還繼續幫他們做午餐、做作業、當司機、給一樣的零用錢，那麼你就是在告訴他們：我想要你繼續用惡劣態度對待我。容我強調，我認為我們不應該這麼做。

我也認為，不該讓孩子覺得他們不必努力奮鬥。我知道很多父母都還記得自己年少時拚命打工，爭取割草、鏟雪等工作。我們之中很多人都記得自己一分一毫地賺錢——現在有些孩子卻想著開跑車、穿昂貴衣服、坐享每一樣他們渴望的東西，而父母還得跟在他們後面收拾家務、載他們去任何想去的地方。

我很喜歡這句老話：「給人一條魚，只能讓他一天不餓肚子。教人捕魚，則能讓他一輩子有飯吃。」一說到教養，這句話裡蘊藏了太多真理。要讓孩子獲得真正的成功，就要讓他們做那些使你成功的事。讓他們出去工作，讓他們去奮鬥打拼。容許他們在自己的開悟之路上，學到屬於自己的教訓。

教孩子看重自我價值

前面我已談過一些有關失敗的話題，但我要再回到這個主題。既然失敗這整個概念是來自個人判斷，我們其實也可以用正面角度看待它。我失敗過很多次，我將它視為動力。那些最成功的人都很願意在人生路途上跌倒，跌很多次。每當他們跌倒，他們會爬起來拍拍身上的灰塵，然後說：「嗯，那樣不管用，現在我知道別再那麼做了。」

我總是會想起愛迪生竭力發明燈泡的故事。他嘗試了大概一萬次，還是沒有做出在商業上可行的產品。有記者問他：「愛迪生先生，失敗一萬次的感覺如何？以你這樣的名人，感覺一定很糟。」

他回答：「我根本不知道你說的失敗是什麼。我現在知道了一萬種不可行的燈泡製造法，你知道了什麼呢？」

失敗只在一種情況下是壞事，那就是當你將失敗與自我價值劃上等號，認為「因為我做某件事不成功，所以我是一個失敗的人」的時候。願意嘗試任何事物是最健康的。不設限的人就是如此——他們嘗試一切，無所畏懼。他們不依照規則過日子，他們不遵循慣例、傳統或他人的支配。

當我面對滿堂聽眾時，我的自我價值是完整的。它來自於我自己，因此稱為「自我價值」。如果人們喜歡我，那很好。如果他們鼓掌、大笑、喜歡我的演說，太好了——總好過不鼓掌不笑不喜歡。我喜歡受到讚許，但讚許並非必要。如果得到別人的稱讚是必要，那表示如果沒人稱讚我，我會崩潰。「必要」就是這個意思，不是嗎？讓我告訴你，什麼東西對我來說是必要——氧氣是必要，我不介意承認這件事。但是別人的讚美？那是外在動機，不是我的生活目標。

我知道有些人演講時，會執著於有一個聽眾沒鼓掌或大笑。他們會對自己說：「看吧？我就知道我不好。我沒有價值。」這種想法太荒謬了。只在意一個人不喜歡你的演說，等於把他們的意見看得比你的自我價值還重要。記住，別人怎麼看你，跟你無關！

你的自我價值，來自於相信「我很正直，我很珍貴，我很迷人，我很重要。」你不必到處喊話，但可以靜靜地跟自己談戀愛。這也是你可以教給孩子的。

我寫過一本書《你真正想給孩子什麼？》（*What Do You Really Want for Your Children?*，暫譯），因為我認為這是非常重要的問題。我知道，我希望自己孩子擁有的事物，也是我希望世界上每個孩子都擁有的事物。我們都在同一個地球上，所以我希望他們長大成人時，成為一個相信自己有選擇權，並且實際運用選擇的力量的人。

我女兒崔西讀小學二年級的某一天，回家時心情很不好。她大叫：「比利不喜歡我！」「我懂，今天是比利的日子。」我說，「這是比利每個星期二會做的事情之一。妳喜歡妳自己嗎？」

「喜歡啊，我當然喜歡我自己。」

我說：「好啦，這樣就夠了。」

她立刻覺得好多了，她已經很習慣爸爸這樣跟她說話。

附近其他父母也許是和孩子這麼說的：「噢，天啊，我們要怎麼做才能讓比利喜歡你？我們來想想。也許可以邀請他來參加派對。也許可以讓他玩你的玩具。能做的事我們都會去做。」一我當時的感覺是，即使是幼童，也不需要學到她應該因為別人的行為而情緒低落。我現在依然這麼認為。

我的孩子成長期間不吵架——我有八個孩子，一般都強調手足之間會爭執是很正常的事，但我的孩子從不吵架。他們向來相信，吵架、對彼此憤怒憎恨並不正常。我們可以學會克制想吵架的衝動，或學會完全沒有這些衝動，因為吵架、苦惱、痛楚、絕望，會讓我們心情低落，會摧毀我們的生活。我的孩子從小到大，幾乎對一切事物都態度各異，但我最驕傲的是，他們的心中都充滿愛。

向世界展現你的內在

我常對孩子說，你因為他人行為而難過、生氣、受傷、絕望的每一秒鐘，都是你放棄對自己生命控制權的時刻。在這樣的時刻裡，你等於是對周遭的人召告：「你們怎麼看待我，比我怎麼看待我自己重要，所以我要盡一切努力讓你們喜歡我。」

反之，你可以這麼做，反覆對自己說：我的內心充滿愛，也將愛傳遞給世界。有人接受，很棒；有人不接受，那只是剛好他們現在不接受。我才剛開始理解世上有「業報」，但我深知有件事很重要，那就是我應該為自己的苦難、痛楚、困境負責。我明白，當我用愛去回應任何人的萬分痛苦，別人也會用愛回報我。

你可以把宇宙想像成一間銀行，它最大的優點就是，利率比任何銀行都高。打個比方，每當你送出價值一千美元的愛（約新臺幣三萬元），都能得到價值約一千三百美元（約新臺幣三萬九千元）的愛。你不但能拿回一千美元，證明善有善報，還能多得利息。這些利息是在提醒你，付出愛心是對待他人的正途。

因為你送出什麼，宇宙就會回報你什麼，所以你必須誠實。你能到達的最高層次，是言行合一，你所說的一切言語，都符合你的信念。你也許會為了開玩笑而誇大其辭，但你不會為了討人喜歡、讓人印象深刻而這麼做。

若是那樣，你就必須扭曲事實。但是，這些謊言來自何處？我們為什麼要扭曲事實？沒人在乎。要知道，無論你用什麼方式說謊，都是在扭曲事實，如果你扭曲事實太久，就會成為習慣。不過你永遠可以改正這個習慣。誠實也好、做孩子的好榜樣也好，重點是言行要合一，不要口是心非。

正如我曾說過的，我和我寫作的內容是一致的。我寫作的內容，我生命中每天都實際操作。重要的是要努力達到身心一致的誠實，你的言行如實表現你的內在。如果你想改變自己的孩子、改變周遭的世界，你就要成為有智慧的榜樣。當你偏離了榜樣，你就不再真誠，而真誠，正是開悟生活的一部分。

自己逃漏稅卻處罰孩子不誠實，這樣的人不可能真誠而有智慧。自己把二手菸往孩子臉上吹的同時，卻告訴他們上癮有多邪惡，這樣的人不可能真誠而有智慧。自己生活作息懶散不健康，卻跟孩子大談營養有多重要，這樣的人不可能真誠而有智慧。如果你言行不一致，就別期待任何與你有業務往來的人信服你。我們必須了解，對生活中遇見的所有人真心誠意、對全人類真心誠意有多重要。

筆記練習

花點時間想想你的童年。你的童年快樂嗎？你是否覺得少了一些極其重要的東西？你必須站在寬恕的位置，改善與父母的關係嗎？你是否覺得如果童年過得快樂，對你會比較好？在筆記上寫下幾個方法，無論你過去經歷了什麼，這些方法能讓你釋放內在小孩，為生命帶來更多喜樂。

然後，如果你身為父母，想想你和孩子的關係。你是否發現自己想修復一些教養孩子時犯的錯誤？或者你想鼓勵他們做不設限的人？（如果你自己沒有孩子，可以想想親朋好友的孩子，或生活週遭你遇過的孩子，作為靈感。）寫下你對於為人父母或子女的印象，以及其他任何想法。要如何為生命中遇見的人乃至全人類，成為有智慧的榜樣？

第8章 用愛引領他人

多年來，很多大型企業都僱請我到他們的公司演講，這似乎蠻令人驚訝的。乍看之下，我能提供的好像是一套與商業思考矛盾的哲學，其實不然。因為一旦將通用汽車公司[15]（General Motors）、克萊斯勒集團[16]（Chrysler）或電話電報公司[17]（AT&T）的員工全部歸零，這些公司就根本不存在了——只剩一堆等著生鏽腐朽的設備。所有生意都是人的生意。每一間公司都是在員工快樂、滿足、感覺自己很好的情況下表現最好，而不是員工有財務問題、沉溺於成癮問題、擔憂感情生變、深陷憂鬱與焦慮之中。無論公司有多大，經營時都應該理所當然地以人為本。

因此，愈來愈多公司開始提供讓員工健身的地方，好讓他們維持身體健康。同時他們也提供冥想或做瑜伽的空間，讓員工也能維持心智的健康，保持平靜安寧，讓精神處於巔峰狀態。

許多老闆似乎逐漸體認到，幫助員工維持大腦與身體的良好狀態是非常重要的。我們非常樂見這種趨勢。我們再次發現，要達到這一切，祕密都在於愛。

你能看到長期遠景嗎？

關於企業中的領導者與基層員工有何差別，有許多相關研究。而兩者之間，看來有這兩大顯著的差異：

一、**領導者總能看到長期遠景、看到牽動全局的關連**。如果你擁有一間大型企業，你會發現，有些基層員工只處理眼前的問題，他們只看到份內的工作與在自己部門內要做的事。他們受的訓練只針對手邊的工作，並未真正看到自己部門的工作對其他部門、對整間公司，乃至對股東的影響。他們會說：「那不是我的部門要處理的，我不做那些事，那不是我的職責。你要

15 通用汽車公司（General Motors Company），位於美國，為全球最大汽車製造商。旗下擁有凱迪拉克、雪佛蘭等品牌。

16 克萊斯勒集團（Chrysler），美國汽車製造商，與福特汽車、通用汽車被稱為美國汽車製造三大龍頭。

17 電話電報公司（AT&T Corporation），為企業及政府機構提供語音、影像、數據傳輸、網路服務的美國電信公司。

的東西得去找會計部門，或者你得找船運部門。」而且他們會持續帶著這個態度——好像他們一輩子都是這副樣子，與全局毫無關係。

但是，領導者則會以解決困難為目標，他們認為，每個人的工作不僅影響自己部門，也影響其他部門、影響整間公司、影響整體的獲利甚至更多。一位領導者會隨時意識到企業的整體營運，他們幾乎總是被拔擢到領導階層，因為他們不會只是視野狹窄地關注「我做的哪些事會如何影響我自己？」

二、**領導者能預期每件事情的長遠影響**。例如，搭機時，若看到有空服員無禮對待顧客，領導者能察覺到，這些行為當下會如何影響整個公司組織，以及這些行為在未來多年，對企業會有什麼樣的影響。他們知道，如果一位顧客因這間航空公司的一名員工而有了不好的體驗，這股不悅感受不會只影響到這位顧客，因為那位無禮員工很快就會從這個顧客的生命中消失，當這個顧客下次再搭飛機時，他會選擇不同的航空公司，甚至可能未來十年都搭乘其他航空——他還可能把這些不好的經驗告訴朋友，而朋友也可能做出同樣的決定。也就是說，一名基層員工對一位顧客的無禮，長期而言，會對整間航空公司產生很大的影響。

領導者了解這種長遠影響，但他們有禮貌、服務導向、待人和善而得體，不只是因為他們接受過這方面的訓練，而是因為他們本就如此。因此，他們能夠確實地從整體、從長期遠景看見自己與組織的關係。

這才是最重要的事——整體大局的長期遠景。你如何對待他人，不僅影響你自己、影響對方，也影響所有人。如果你只想著自己所屬的組織，以及某人的行為現在和未來會如何影響這個組織，那麼你仍是畫地自限。你必須注意到這些事對自己的社區、國家、世界會造成那些影響。以我來說，我會觀察最廣的局勢，我們的行為如同漣漪般，持續擴散影響到全人類，而你也可以這樣觀察世界。

你可以將這個領導原則應用在日常事務、家庭、親密關係上，也可以向外擴展。你會開始留意所有負面或有敵意的舉動，留意每個與群體不融洽的人，因為你知道，和平相處的人夠多，就會影響整個地球。

如果我們將自己視為領導者，我們就必須擴展自己的願景。在自己的公司、部門、甚至家庭中做好領導者是一回事，但要成為人類的偉大領導者完全是另一回事，而我們每個人都必須以後者的眼光看待自己。

不再說「原本可以，原本要，原本應該……」

在任何領域的領導者，都信任自己的內在訊號，而不只是「用對的方式參與遊戲」。不過，以自己的想法去行動，並不代表反叛。這就像是生命中你所踏出的每個步伐，你之所以行動，不是因為應該做、或別人要你去做；**你行動的動機，是因為你認為這些事對你意義非凡。**我們的內在訊號與直覺，會告訴我們哪些事適合自己，但我們很少遵循。我們太常思考自己應該做什麼、什麼事不做不行、哪些事不能逃避，卻不去思考做什麼才是對的。

原本要、原本可以、原本應該、原本可能、或許、必須，自我挫敗的人就是由這些字詞組成的：我們原本可以這麼做的。早知道這麼做就好了。我們本來應該那麼做的。但如果你是不設限的人，你會明白，你過去會用這種方式過你的人生，是因為你一定會這麼做，否則你就不會這麼做了。過去你應該這麼做的證據就是，你已經這麼做了，你沒辦法不這麼做，你沒辦法做「原本應該做」的事。你所想的「早知道」並不存在，你已經做了的事才存在。

我這輩子總是聽到人們說自己「原本可以、原本要、原本應該」做什麼事。事實是，沒有人能「原本可以」做什麼事，除非他們已經做了。「原本可以」做的事，是不可能存在的。

有一年，我在十月到明尼蘇達州演講，我跟來接我的司機說：「這裡好美。看看那些樹葉，顏色多漂亮。」

他說：「噢，這沒什麼，你應該上星期來的。」

我回答：「但現在是這星期，我永遠無法『應該上星期來』啊。」

他看著我，表情似乎在說，噢，我的媽呀。於是我又讓一個人誇張聳肩了。

還有一件事，發生在幾年前，當時我在一個星期五打電話給電力公司。我說：「我要辦理用戶恢復供電。」

職員回答：「你應該星期三打電話的。」

「請再說一次。哈囉？你在說什麼？這裡是地球嗎？」

「這裡當然是地球。」

我說：「那麼，在地球上，這個我住了一輩子的地方，現在是星期五，沒有人能回到星期三，打這通『應該星期三打的電話』。沒人可以。」

「我想你最好跟我的主管講。」

多麼典型的自我挫敗式回應啊。結果我找了四名主管才終於有人明白，我不想聽到有人叫我應該在星期三打電話，因為沒人能在星期五時回到星期三，打一通「應該打的電話」。在地球上辦不到。你無法把時間倒帶往回轉。

但是，卻有很多人那樣過日子，令人驚異。我喜歡告訴聽眾一個有趣的事實：你們有沒有發現，如果你在一九一六年買五股可口可樂的股份，現在已經是富豪了？當然，大多數聽眾當時還沒出生，但我能察覺到他們在想，我原本可以的。我們不總是聽到別人這麼說嗎？

我和搭檔打網球雙打時，喜歡做一些事自娛。我會防守單打邊線和雙打邊線之間的區域，然後我會故意漏接球。我的搭檔會說：「你原本應該防守邊線區域的。」

我則會告訴他：「我永遠無法『原本應該防守邊線區域』。沒人能這麼做。」

他會說：「給我防守邊線區域就是了！」

這個我可以做到。我可以防守邊線區域，但我無法「原本應該防守」邊線區域。明白了嗎？

告訴別人他們原本應該怎麼做，缺乏建設性。你的孩子有多少次五點才到家，原本該在三點打電話給你，但他們卻沒打？你跟他們說「你本來應該在三點打電話的」，孩子會覺得很蠢，因為人永遠不能「本來應該在三點打電話」。如果你說：「明天起，如果你不在三點鐘打電話，就會如何如何……。」那就對了。他會完全了解。為了某人原本應該卻沒做、原本可以卻沒做、原本要做卻沒做的事而嚴厲責備他們，是在浪費時間。

別把你的鴨子送進老鷹學校

管理學上有句老話，你應該牢牢記住：「別把你的鴨子送進老鷹學校。」你想想，世界上有很多鴨子，卻沒幾隻老鷹，想把鴨子變成老鷹會是你畢生最困難的工作。到處都有很多只看見眼前問題的鴨子，珍稀的老鷹則是願意突破極限的人。

看到了嗎，鴨子就是用鴨子的方式思考，當你嘗試把他們訓練成老鷹，他們似乎接收不到訊息。他們往往會固著在「不可能辦到」的想法裡，想著「我們向來這樣做事、我們只能這麼做、不可能改變」。

我記得有一次搭飛機時，我一邊看著空服員用完全沒有效率的方式分送飲料給旅客，一邊思考著鴨子與老鷹。當時餐點已經送上來了，但分送飲料的餐車還在最前排，這表示若按照這種方式，大多數乘客都會在用完餐點後才有飲料喝。我跟大多數人一樣，想在用餐時就有飲料喝，於是我想，為什麼他們一次只能接受一位乘客點飲料呢？走道兩旁各有三位乘客，空服員每次會詢問一位乘客要喝什麼，然後拿一個杯子，放入冰塊，倒入飲料，遞給乘客。她每次服務完六位乘客，再往下一排移動。

這時候，如果是老鷹就會問：「請問六位乘客要喝點什麼？」然後一次準備六份飲料。不知何故，鴨子則不信這套方法。他們似乎覺得，做一步算一步，會發生什麼事就讓它發生吧。如果你要等到班機降落後一小時、在領取行李時才喝到飲料，那就這樣吧。就像我們在超市裡的老朋友，也就是那些單袋裝袋員一樣。

告訴你，鴨子到處都是。前些日子我在一間銀行排隊時，一名櫃員看來要講電話講到天荒地老。下一個就輪到我了，而她講電話實在講太久，我終於開口問：「可以麻煩妳幫個忙嗎？我只想存了這張支票然後趕快離開。」

「先生，我一次只能做一件事！」鴨子呱呱叫。

我說：「只能做一件事？我一次可以做十件事！」

畢竟，如果你想當老鷹，就得巡視地面的老鼠，得注意電線桿，還得想著你的小老鷹群。你得一次做一百萬件事！誰能一次只做一件事？為人父母者當然不可能。有了孩子，你得學會一邊看著他們游泳一邊閱讀，還得一邊做晚飯一邊協助他們做功課。你就是得學會怎麼做一個有效率的人，同時做所有的事。你絕不可能坐在那裡說：「孩子們，我一次只能做一件事。」

我記得自己小時候曾身處在一個鴨子大池塘裡。老師告訴我們：「這是我教過最爛的班級！我受不了了！」班上很多人聽到都覺得愧疚，但我心裡的反應是：「這就是她教過最爛的班？她的人生一定順利無比。我們這班真是太容易順從了！她為什麼要建立這種愧疚模式呢？」當然，很多其他孩子回家時會心情很差，覺得自己被有權力的人操控，但我不會。

從那時起，我無論到何處都抱持這種心態。有一次我住在佛州奧蘭多一間可愛的飯店，他們安排我住在九樓，「禮賓樓層」（concierge level）的客房。這種客房每晚要價一千多美元（約三萬新臺幣），但有樓層專屬的禮賓服務員照顧房客。

我住在那裡的第一晚，他們在晚上七點至九點提供熱點心。我出去跑步到晚上九點十分才回來，詢問是否能在房間享用一些點心。

禮賓服務員說：「沒問題。廚房已經休息了，但我很樂意下樓為您取用點心。另外還有一種很棒的小甜點，您要不要也來一些？」

「那太好了。」

他並不知道我是誰，但他願意為我做這麼多，真的很了不起！

不過，第二天早上，飯店的歐陸式早餐在九點三十分結束供應。那段時間我又離開了飯店，但我晚了幾分鐘回來，想喝點果汁。這一次我遇到了一隻呱呱叫的鴨子：「先生，歐陸式早餐在九點三十分結束供應。我很抱歉。」

我說：「我知道，我了解，但我只是要一杯柳橙汁。我真的很渴，我剛跑完步，而且再過一會就要去演講了。」

她說：「先生，九點三十分，這裡寫得很清楚了。」

我為了禮賓服務付了每晚一百多美元的房費，她卻悍然拒絕我。你看到其中的差異了嗎？差異就在於態度。那是一個人的信念。

我向你保證，如果你持續追蹤這兩名禮賓服務員，會看到類似單袋裝袋員與雙袋裝袋員的差別。你會看到老鷹一路平步青雲，鴨子則是從一份工作換到另一份也許更卑微的工作，總是搞不清楚原因。

如果我要找人為我工作，我只要去觀察超市裝袋員的工作，一天下來我就知道要僱用誰。以我的經驗，好員工不是訓練出來的，而是挖掘到的。你要去找那些態度像雙袋裝袋員、像老鷹的人，然後你可以協助他們做到任何事、成為任何人物。

這讓我想到以前在芝加哥歐海爾國際機場的一次遭遇。我原本要在下午搭機飛到佛州羅德岱堡，但航班取消了。

我向航空公司人員說：「好，但我知道你們有另一架航班，四十五分鐘後要飛到西棕櫚灘，那裡和羅德岱堡只差二十英哩（約三十二公里）。你可以幫我訂那個航班，然後我再從那裡去羅德岱堡。」

他看著電腦，然後說：「抱歉，我們沒辦法這麼做。」

「為什麼不行，沒座位了嗎？」

「不，先生，有幾個空位，但電腦顯示那是兩個不同的城市。」

「你們把邁阿密和羅德岱堡視為同一個城市，」我反駁說，「卻把羅德岱堡和西棕櫚灘視為不同城市？」

他的說法好像我在要求改飛舊金山。「至少電腦顯示那是不同的城市，我們無法那樣改航班。很抱歉，但你得搭乘四小時後的班機。我們已經幫你安排好了，你一定能搭上。」

「你是說，你取消了我的航班，又不讓我搭另一架航班飛到距離原目的地二十英哩外的地方，只因為電腦說那是另一個城市？」

他說：「是的，很抱歉，我無能為力。」當然，又是那句我們已聽過無數遍的話。

我一如既往地說：「我要跟其他人談一談，任何人都可以，麻煩你。」

「先生，很抱歉，即使我請主管來，他也會告訴你一樣的情況。」然後他開始準備離開。

我說：「等等，別走。」我知道他要回到那個鴨子池塘了。「上樓去，只要爬幾個階梯，看看是否能找到一頭老鷹。」

「你到底在說什麼？」

我解釋：「我不在乎是誰，但請找一個不認為自己無能為力的人，我只想找這種人。我不需要保證或其他東西，我要找一個不認為自己『無能為力』的人。」他找來了一頭老鷹，這個人幫我搭上了我想搭的那個航班。一切都照道理順利進行。

你必須明白，這個世界充滿了鴨子，你必須很小心留意自己不要變成鴨子。要記住，成功是內在的進程。當你把成功放在心裡，你就會讓你做的任何事成功，然後你就能一路平步青雲。

筆記練習

回想生活中遇到鴨子或老鷹的時刻——是否有哪一種態度讓你想起自己呢？在筆記上寫下你的感受。你可以如何用自己的愛引領別人，讓自己更像一位領導者呢？

第三部

你的人生使命

勇於追隨你的熱情

——如果你不知道熱情何在，

要知道你存在地球上的唯一原因，

就是找到熱情。

——歐普拉．溫芙蕾（Oprah Winfrey）

第9章 使命感

過去幾年，我在教書時嘗試規劃出一套課程，訓練年輕人盡可能做一個最健康的人。如果你為人父母，當別人問你對孩子有何期望時，你應該會說「我希望他們快樂，我希望他們實現自我，我希望他們的人生有使命感」之類的話。但他們要上哪兒去學這些？要去哪裡學如何避免內疚、如何停止焦慮思考、如何不擔心別人怎麼看你、如何避免一直尋求別人認可、如何愛自己、如何活在當下而非活在未來或過去、如何不讓自己變成受害者、如何控制情緒？為什麼孩子都沒上這些主題的課？

我們在這本書裡談過，不設限的人最重要的特質之一，就是他們是因內在動機而行動。他們探詢自己的內在訊號，藉此判斷自己該怎麼做才對，也藉此決定自己的人生使命、決定要如何達成這些使命。大部分的孩子出於本能，都會聽從自己的直覺，但進入學校後，他們基本上會被教導要忽視直覺。如果你走進任何一間學校，詢問校方的教育理念，他們大概會這麼說：

「我們學校鼓勵每個孩子全面地開發自我、實現自我。我們希望提供課程，讓每個進入學校的孩子挖掘自我，並擁有獨特的自我實現目標。」

這實在是胡說八道。因為，只要有孩子開始表現出覺醒與轉變的特質，向老師、校長和主任說：「等等，為什麼？為什麼我們要有這些規範？難道我們不能做一點改變嗎？」這些孩子一定會被拒絕。會有孩子說：「我想學這個，還有那個好像比較有意義……」他們挑戰權威，但我們就是不聽他們的。我希望學校可以停止一切會澆熄內在動機的事情。

畢竟，我遇見的每個人都希望自己是特別的、獨一無二、能帶來深遠的影響力。不誇張，我相信每天都懷抱使命感比任何事都重要。我們都想在這個世界留下無法磨滅的腳印，但要達到這個目標該做哪些事，我們似乎都沒弄清楚優先順序。

超越規則

我畢生最喜歡的一句話，是亨利・大衛・梭羅[18]（Henry David Thoreau）所說：「如果一

---

[18] 亨利・大衛・梭羅（Henry David Thoreau，1817-1862），美國作家、哲學家。著名作品有《湖濱散記》、《公民不服從》。

個人自信地朝自己的夢想前進，努力過他夢想的生活，在這過程中，他將會在無意間獲得成功。」

在本書上的一部分我隱約提過此事。在我看來，這表示你只要把握機會、自信地努力去做那些對你有意義的事（也就是不把全副力氣花在守規矩、忙著當好員工、好配偶或好父母等等），照自己的方式生活，成功就會以你從未預期的方式降臨。但如果你追尋的是外在事物，如高薪厚祿、奢華假期，你也許做了「應該」做的事，卻得不到內在的平靜。缺乏內在的平靜，你就少了活著的理由、缺乏使命感。你只是勉強應付，告訴自己「看在老天爺份上，不要惹麻煩，不要掀起波瀾，和世界和睦相處就好」。抱持這種想法，當然不可能實現你夢想的生活。

我們從很小的時候，就開始學會照一整套規則和指引行事，在往後的人生，絕大部分時間我們也一直遵從這些規矩。這些規則包括：

- 做應該做的事，別做不該做的事。
- 做大人要你做的事，別問問題。
- 好好上學、考高分。別給老師製造問題。

- 可以的話要上大學。上不了大學，就去工作。
- 接受必要的訓練，拿像樣的薪水回家。
- 結婚，生小孩，組成家庭。
- 盡可能取悅他人。
- 準時付帳單。
- 不要讓自己陷入牢獄之災，其實是不要惹上任何麻煩。
- 錢賺得愈多愈好。
- 穿著得體，擁有像樣的玩物。
- 參加派對，喝點小酒。
- 做一切能讓人生正常運轉的事。照著做，就能跟大家和諧共處。

然後，某些事發生了，改變了你生活的優先順序。也許是健康出了問題，或者你只是發現自己時間不夠。無論是什麼原因，你往往會在此時發現自己身而為人的使命。你可以做所有前面列出的事情（遵循規則、成為好人、讓別人開心），然後就能平順度過一生，盡量不惹麻煩、不身陷囹圄⋯⋯。然而，人生若只是遵循規則，不可能有使命感。就是不可能。

舉例來說，那些規則要你為未來儲蓄、為退休思考、努力實現目標。這規則並沒有問題。如果你有孩子要上大學，或你有其他類似的計畫，你當然必須存錢，但是，這不會讓你的人生有使命感，不會讓你的人生有意義。如果你想為孩子而活，並從中找到使命感，你始終會覺得挫折，即使你是很棒的父母。從人的本質來看，別人的成就無法讓你實現自己，你只能站在後面看著他們。也就是說，孩子的成就，沒辦法讓你找到你自己在地球上的使命感。

當你了解與那些規則完全相反的事，你的使命感會就此誕生——而我的任務之一，就是改變你對那些規則的想法。我要你明白，你人生中要優先去做的事，必須是你有熱情的事，或是你強烈渴望做的事。只要遠離「更多、更多、再更多」或「更好、更好、再更好」的觀念，你就能超越規則。不要受外在事物驅動，也不要讓外在事物提示你去做什麼。你要向內詢問，聆聽自己的內在訊號，做那些你相信對你而言是對的事。

如果你遵循規則，你會一早起來去上班，去做那份無法再讓你實現自我的工作——這份工作你已經很擅長了，你很清楚要怎麼做，因此它已失去挑戰性。要知道，如果你一輩子都一如既往，做你一直做的事，你的生活會完全缺乏挑戰與創意，所有事情也成了例行公事，或變成只是反覆「鑽營」。想想一群士兵在閱兵式中列隊行進——那就是你的人生。只是鑽營，無法讓人生完整。它只能讓你不斷地重複，讓你變得可以自動化運行例行事務，讓你獲得外在的薪水，但你始終無法得到你希求的內在平靜。不過，當你遵循自己的使命，就能將日復一日鑽營的感覺拋諸腦後。

你可能有所顧慮，如果只專注於個人使命要如何兼顧自己的責任，又可能遭遇哪些風險。我們之後會再詳細討論這一點，不過大多數敢於冒險的人，確實過得比之前要好：他們其實會賺更多錢，即使這並不是他們所追求的。他們的健康與人際關係也都會改善，也能花更多時間去做人生真正重要的事，例如與摯愛的人相處等等。

我見過很多人把人生花在拚命跟別人比較，只注重外在動機。於是我告訴自己：「你要明白，生命中有太多更重要的事。」我們必須改變重心，自信地朝夢想邁進。

人生是一件傑出藝術品

西方文化中，大多數人都用一些非常人工的標準來定義自己是否幸福，例如我會賺多少錢？我的生命中會擁有多少物質？我能蒐集到多少讚賞？但這些並不能衡量我們是不是好人，也不能判定我們是否過著能力所及的生活。

在我們的文化中，我們往往也會讚許甚至崇拜表現非凡的人。我們總是看到有人把人生當成競賽，衡量表現的標準是我們跑了多遠？我爬到什麼職位？我拿到了什麼能彰顯我是第一名的獎？另一個衡量標準是成就：我在我的專業上走了多遠？關於我的分數、我在企業裡的職位，同儕和其他人有什麼看法？

我們總是談論成就、成果、成績；這些幾乎就像是我們文化中的終極目標。對我和其他很多人來說，這樣的生活過了一段時間之後（達到很多成就、爬到很高的層級、獲得很多外在獎勵），我們很快就會發現，這一切都令人空虛。我們會開始感覺到，自己的追求不過都是為了滿足自尊，而我們盡己所能大量累積物品，也不過是為了證明自己有能力辦到。

當我們評斷成功時，不再以自己能如何服務他人為標準，而是用自己能為自己取得多少物質為標準，成功就會變成一種執迷。很多人都陷入這個陷阱，相信自己必須持續累積更多成績，再往更高處獲得表現。如果他們拿到冠軍，那很了不起，但如果連拿兩次冠軍呢？沒有人得過這種成績。如果他們連拿兩次冠軍，就得連拿三次冠軍，還必須徹底擊敗對手。再怎麼做都不夠。

當你被困在這個陷阱裡，不斷向外追求，並以人工的標準定義自己，你會發現自己缺乏熱情，缺乏實現自我的滿足感。但如果換成把人生當成藝術品、當成時時刻刻不斷推展的傑作來活，會如何呢？

這就是我開始做的。現在，我不再以能獲得多少、能跑得多遠來看待我的人生；我將人生視為一件了不起的藝術品。我可以形塑它、為它調整明暗、為它鑄模，將它變成我自認理想的模樣，讓我能為地球做出最多貢獻，能展現我的人性光輝、我的使命。

當我想到有誰是將人生過成傑作的理想榜樣時，我不會想到這個人擁有多少物質、銀行帳戶有多少巨款、能跑得多快、或他們在人生旅途中擊敗過誰。我在更高的層次上找到答案，我尋找的是活得像耶穌、穆罕默德、佛陀的人，那些傳遞強烈訊息，告訴我們人類心智能有多強大的靈性大師。比較近代的典範如甘地（Mahatma Gandhi），他出身於曾向大英帝國卑躬屈膝的民族，而他改變了整個民族的命運。他能用非暴力、關愛他人的手段達成這個目標，不發生衝突，不做傷人或造成破壞的事。他讓印度人用充滿美感與欣賞的態度來治理自己的生活，這讓我深受啟發。

請理解，我無意貶低成績和成就。我的人生有很多好成績，也取得了很多成就，但隨著歲月流逝，我發現它們對我來說愈來愈沒有意義。不過，隨著我愈加關注更高層次的目標，愈多的成績和成就也隨之而來。我漸漸深知自己存在的目的，深知自己要如何為他人服務，並以此度過我擁有的人生。

重要的是保持靈性之心，對所有你遇見的人懷抱惻隱之心、關懷之心、愛心、正直之心。將迎面而來的衝突與困難視為機會，能讓你學習如何超越它們。要達到更高層次的目標，你不必仇視、憤怒、怨恨、擊垮別人。

找到你的使命以後，不代表你就得放棄你的生活角色，不代表你不能再從事自己選擇的職業。這時候，你只是從內心平靜的狀態出發。當你開始明白，你可以讓自己的生命像宇宙一樣展開，並且為自己帶來真正的圓滿、和諧與寧靜，你的人生就真的成為絕妙的藝術作品。

弔詭的是，你愈是這麼做，那些你曾經努力勤奮追求的事物，愈會適當地出現在你的生命中。而此時你已放棄——不是對人投降，而是遠離大多數人畢生追求的事物。大多數人困在那個充滿壓力、步調快速的跑步機上，堅持著我要有成就、我要有成績、我要成為第一名、我要擊敗所有人好證明自己。而你將發展一種內在的和諧，你知道用那些事來判定你是什麼樣的人層次太低了。你現在的重心遠比那些事情更重要，你現在專注的是人生使命。

充滿使命感的人生不在未來，在當下此刻

你充滿使命感的人生，不在未來或過去。你必須現在就過著有使命感的人生。今天，此刻。事實上，你真正需要裝進腦袋裡的概念之一，也是能讓你停止以自我為中心思考的概念，就是「現在」。西方國家的人對此並不擅長，甚至不見得明白它的意思，因為我們讓自己塞滿了對於責任、對於遵循規則的憂慮。我們把重心放在當個顧家的人，每天上班、付帳單、做所有該做的事。再說一次，做這些事情不是不行，但它們無法讓任何人充滿熱情。

如果你活在當下，你會讓自己擁有享受此刻的自由，而不是因為其他更迫切的事，而延遲了滿足與愉悅。就像前面說的，錢財、名譽、升遷、獎項、還有其他成就，永遠無法真正賦予你使命感。它們或許能讓你付房貸，或者提供你能放在架上、掛在牆上的東西，但它們全都是外在動機。

真正能賦予你使命感的是內在動機，也就是**你怎麼看自己、怎麼評價自己、你成長了多少、對這個世界體驗了多少**。一旦你專注在這些事情上，你就不再需要尋找人生使命——它會找到你。使命就像快樂、成功一樣，和你融為一體。你生活中的一切作為、一切擁有的事物，

都會和你的使命息息相關。

我認為，擁有目標與計畫對每個人都很重要。只是我們必須謹記，達成目標的每個步伐，和其他步伐一樣重要。別陷入一個計畫太深，以免失去調整空間。比方說，在你展開一趟旅行之前，你已經事先計畫好要停留的每個地點，訂好整趟旅行的所有住宿，但是在旅途中，你到了一個從沒去過又很吸引人的地方。也許是第二天有牛仔競技，你真的很想留下來看——但卻沒辦法，因為你的計畫、你的目標、你的目的地支配了你，而不是你在支配你的人生。如果你無法為了你想要的事物而調整、保留彈性，這是不合理的。

做計畫與設定目標可以很合理，只要你擁有「現在」的概念、活在當下的精神。拿我自己的人生舉例吧。多年前的一個十月天，我跑了人生中第一場馬拉松。我在那之前一年左右開始跑步，當時根本沒想過會參加馬拉松比賽。我只想試試看自己能否每天跑步，一次的目標只有一天，依照身體狀況和想要的步速去跑，那就是我的目標。我找一天開始跑，第二天決定再去跑，即使脛骨疼痛、氣喘吁吁。然後我第三天也去跑、第四天又去跑，就這樣天天跑下去。

三週或四週後，我跑的距離已不只一・五英哩（約二・四公里），而是兩英哩（約三・二公里）。我沒有提升目標，而是我的身體自己跑得愈來愈遠，一切都自然發生。我持續用這個方式去實現所有個人、日常的目標，活在當下，從自己做的事情當中得到樂趣。之後，我自動提升給自己的目標——一年後，我站在起跑線前，準備跑二六・二英哩（約四十二公里）。如果你一年前說我可以跑馬拉松，我會心想，你竟然以為會有人想跑二十六英哩（約四十一公里），一定是瘋了。

順帶一提，我以三個半小時跑完那場馬拉松。聽說有人跑了兩小時就放棄時，我無法相信。我告訴自己：你能連續跑三個半小時，一定很了不起。如果你跑了兩小時就停下來，去他的，人人都能做到。我認為我贏了，因為在那場比賽裡，我跑得比別人都久。你知道的，一切都取決於你的態度、你自己的信念。

假設你想減重、戒菸、或戒除生活中其他成癮的行為。在我看來，要解決減重這類問題，唯一合理的方式是告訴自己：今天，只要今天就好，我要完全不吃糖。如果你要戒菸，那就告訴自己：只要今天就好，我二十四小時不抽菸。其他問題也適用。如果有人問我：「我真的能做到嗎？」我會回答：「當然。只有一天，人人都能做到。沒那麼困難。」

於是你先戒一天。當你來到這二十四小時結束的時刻，你就是一個全新的人。別自我中心地去想「反正我明天還是會想吃糖。我在騙誰啊？我明天晚上就會想吃一份熱巧克力牛奶糖聖代，那不如今天晚上就吃。」或是心想「你的意思是，我這輩子再也不能吃聖代了？」這種想法會讓你立刻跑到冰箱旁邊。不要對自己這麼做，否則你會每晚都吃熱巧克力牛奶糖聖代。

反之，你要每晚對自己說，我已經二十四小時沒讓冰淇淋進入我的身體了。如果你是在嘗試戒菸，那就說，我已二十四小時沒讓尼古丁進入我的身體了。過了這一天，你就成了一個不一樣的人，你可以讓那個人決定他是否要再繼續。別讓那個現在想抽根菸、現在想吃一客熱巧克力牛奶糖聖代的人決定；讓那個已經成功克制二十四小時的人來決定。第二天，你就成功克制四十八小時了，然後你的成功時數就可以這樣不斷累積。

每天，你都擁有力量能讓自己成為全新的人。不相信嗎？去問任何一個參加過匿名戒酒會（Alcoholics Anonymous）的人，這個團體堅信「一次一天」（One day at a time）這句箴言。你能用這種方式應付任何事，**一次只專心過好一天**。你可以為這一天設定很多目標，完全不必想望未來。如果說你不應該為自己設定目標，那是很荒謬的；人人都有目標。但是，你在當下能為這個目標做到多少，是最重要的。

你必須把每一天過得完滿，而不是為了追求未來不一定會實現的事，而延遲滿足或延遲目標的達成。如果你追求的事在未來實現了，你很可能已經是一個完全不一樣的人。這是最難弄懂的一件事：如果你為自己設定在久遠的未來才會實現的目標，當你達成時，那個未來的你並不會是「現在」的你。

我們都只活在當下此刻。如果你想在五年後成為某種樣子，那你其實理所當然地以為，五年後你還會存在於現在的軀體裡，用現在的方式活著。這是很大膽的假設。換句話說，如果你總是做這種為期五年的計畫，一定會有無法達成目標的時候，因為沒人能保證未來會發生什麼事，而過去則像船隻的尾流一樣逝去。**我們只需要活在當下此刻。**

享受生命這趟旅程

學會如何在行事時當作你想要的東西已經存在，是很重要的。行事時不要想著「也許我設定這些目標，然後非常努力去達成它們，我就能得到我想要的。天啊，如果我終於達成目標，我一定會興奮得不得了」。就像快樂與成功都是內在的概念一樣，自我實現也是。如果你認為要努力達成目標才能找到成就感，那麼你的人生就都是為了外在的目標而奮鬥。你需要的心理狀態是達成目標，而不是竭力奮鬥。想想這句拉爾夫・沃爾多・愛默生[19]（Ralph Waldo Emerson）的名言：「完成當下，用踏在路上的每一步去找到旅程終點，盡可能活出最豐富的美好時刻，這就是智慧。」或者你一定很熟悉的那句話：「旅程比目的地重要。」我希望你明白，**仔細感受實現目標過程的每個腳步，和品嘗實現目標的滋味同樣重要**。

如果你只專注於奮鬥，就無法成為不設限的人。如果你只將精力投入在達到未來的目標，你會一直是個被自我主導的人，罹患「多還要更多的病」。當你達到目標時，你根本不知道該怎麼辦。你會不知怎麼處理現在得到的東西，於是你會把目標升級。如果你的目標是賺到十萬美元（約三百萬新臺幣），而你也確實賺到了這麼多錢，你就會覺得必須賺到二十萬美元（約六百萬新臺幣），依此類推。為了達到目標，你的人生必須更拚命、更刻苦、更努力。如果你真的「達到」了，環顧四周，你會忽然發現自己已垂垂老矣。你會想，我的人生怎麼了？

追求目標絕對沒有錯，只要你一直活在真實中。真實是你生命中最重要的事。如我在前面說過，做人誠實可靠、言語真確誠懇，是無比重要的。**如果你滑了一跤，無損你的價值，只表示你必須從跌倒中學習**。你要學會體認自己從跌倒中學到什麼，而不是只會說：「我失敗了，所以我成了一個爛人，我想我完全不可靠。」

明白了嗎？若是朝著修補不足的方向去設定目標，那麼你愈是朝著這個目標前進，愈像是在人生中奮力掙扎，當你達成目標時，因為你終其一生都在期待的事發生了，反而會手足無措。有很多人在喝第一杯咖啡時，就想著第二杯；吃開胃菜時，已經在想等一下能不能吃甜點。他們太專注於未來會發生的事，而不去花時間品味當下擁有的事物。

最能讓自己得到啟發與力量的事，就是把當下此刻——任何時間的當下此刻，都活成一種高峰體驗。

想想作家杜斯妥也夫斯基（Fyodor Dostoyevsky）的經歷吧。他於一八六〇年代生活在沙皇統治下的俄國。杜斯妥也夫斯基年輕時曾被控與莫斯科一個文學團體同盟，這個團體藉由討論自由、人有權為自己思考並做出選擇等顛覆性觀念，試圖推翻沙皇。

沙皇指控杜斯妥也夫斯基是該團體的成員，他被判處死刑。當局將他關進莫斯科一處監獄，並告知他行刑日期。行刑日當天，杜斯妥也夫斯基被安排與其他五人一起站在行刑隊前。

19 拉爾夫・沃爾多・愛默生（Ralph Waldo Emerson, 1803-1882），美國思想家、文學家，同時也是美國文化精神的代表人物，被林肯總統稱為「美國的孔子」、「美國文明之父」。其主要提倡的思想為「超驗主義」，強調神與人之間的直接交流和人性中的神性。

獄方先用一塊黑布遮住第一名男子的眼睛，然後沙皇衛隊槍決他。第二名男子也遭到同樣對待，而杜斯妥也夫斯基就看著這一切在他眼前發生。

下一個就輪到他了，他們用黑布遮住他的眼睛，準備槍決他，而他是曾寫過多本人類最偉大巨著的作家杜斯妥也夫斯基！在最後時刻，他和另兩名男子獲得赦免。沙皇不知何故決定改罰他們入獄做苦役十年。

杜斯妥也夫斯基於是又寫了有關當下有多重要、要如何充分沉浸在當下此刻的著作。例如，他在死牢中看到一隻蟑螂時，並不因它感到氣惱。它不再是杜斯妥也夫斯基連用鞋子去踩扁都不屑的骯髒東西。它是奇蹟。

有句老話說，當你忙著其他各種計畫時，這當下你的生活正不斷流逝。這句話說得太對了。**你一定要明白，無論你身在何處，生活中的每一刻都是值得體驗的奇蹟。**別再期待會在未來發生的奇蹟，只要享受你在開悟之路上踏出的每一步。

筆記練習

看看我在本章前半部列出的規則清單。它們是否讓你有共鳴？也就是說，你至今是否曾隨著這些外在動機過你的人生？接著再想想，如果不遵循這些規則，你可能會做什麼其他的事，寫在你的筆記上。要知道，你寫下來的事情，很可能讓你明白自己的目標方向。

第10章 追隨你的至樂

我認為生而為人都肩負使命。當我們走在開悟之路上，都有課題、有事物必須學習。有些人短時間內就能學會，有些人可能需要很長的時間。有些人能累積三十年的經驗，有些人則是一年累積了三十次的經驗。也就是說，有些人專注在成長、盡可能活出最豐富的生命；有些人則是一而再、再而三地重覆同樣的事。這是正向思考者與負向思考者的兩種不同取態，因人而異。

一名醫生好友曾坦言：「你知道嗎，行醫真的讓我耗損太大了。我整個人筋疲力盡。當然我賺了很多錢和其他物質，但我並不想當醫生，我想成為運動比賽的播音員。」他認為自己可以在中學球隊的比賽中練習播音，也一直幻想著要去嘗試。

我回答：「那為什麼不去做呢？醫生當然是很高尚的職業，但如果你不想當醫生，為什麼還要繼續做下去？」

「我很久以前就決定好以後要做什麼了，不能現在才改變。我是醫生——醫生就是我的身分。」

「當時是誰決定你要當醫生的？」我問他。

「是我自己。我十八歲時決定要當醫生。」

我說：「你現在會去詢問一名青少年，要他指引你的人生該選擇什麼職業嗎？你會信任一個十八歲的人對這個問題的建議嗎？」

「為何這麼問？當然不會啊。」

「但這不就是你正在做的事嗎？」

如果你像我的朋友一樣，想改變多年前設定的計畫，該怎麼辦？如果你展開了職涯，之後卻發現你並不喜歡自己的工作，或者它不再構成挑戰，你可能會以為自己改變不了任何事，因為你已經牢牢困在這個計畫裡。其實，如果你當下做的事已無法讓你滿足、無法讓你有成就感，你可以選擇改變。你不必依附著自己的職業。**你現在的職業只是在過去某個時空下所做的選擇，你永遠有權改變心意。**

假設我的朋友是在十八歲時決定當醫生，但他在進入醫學院時改變了心意，那也沒關係！改變心意不見得是讓人失望的可怕決定；反之，在此時改變人生計畫，可能讓他更快到達人生中真正想去的地方。

記住，人們眼中的失敗，其實可能是機會。與其繼續進行一個明知不適合自己的計畫，不如直接表明：「我想我要朝另一個方向前進。」然後找到適合你的計畫。何必再多花一秒鐘在你不想做的事情上呢？畢竟，沒有人知道自己的人生會有多長。不過，我可以向你保證的是，如果你重新調整自己的想法，並且應用我在這本書中提到的技巧，你的人生會更長久、更有意義。

承認自己的獨一無二

在我談到改變人生道路的課題時，我能聽見集體出現的不滿言論。我很確定很多人會心想，是啊，但是我還肩負著責任。是啊，但是我還有房貸要繳。是啊，但是……有很多很多的「是啊，但是」，它們都源於恐懼。

我要很明確地指出，除非你願意承擔失敗，否則不可能成功。貝比・魯斯[20]（Babe Ruth）打出六〇支全壘打的同一年，也被三振了八十九次。想擊出全壘打，你就必須願意承受被三振。過程中，你將有機會明白自己在人生道路上的位置與現狀。

這並不表示你必須做得比別人都好——因為，如果你必須擊敗所有人才能成為贏家，那麼你會一直是輸家，因為無論一個人有多了不起，都不可能總是擊敗所有人。這完全不是「贏」的正確定義。如果你必須憂心忡忡看著別人，才能決定自己的表現好壞，那麼你的成績就得取決於別人的表現。不設限的人不會用別人的位置來衡量自己的位置。他們會說：「那是別人跑步的狀態、那是他們在音樂發展或其他領域的表現，與我無關。我的表現如何，由我自己決定。」

參加賽跑、高爾夫球賽等等，沒有什麼不對。但你必須明白，參加這些比賽不是用來評估你自己是誰、你有多少價值，而是用來判定你和競爭對手的技巧相較之下如何。比賽結束，比較就結束了。樂於接納失敗也很重要，因為你能從失敗中學習。除了維持現狀外，我們從勝利

[20] 貝比・魯斯（Babe Ruth, 1895-1948），自一九一四至一九三五年間活躍於美國職棒大聯盟的傳奇棒球選手，創下生涯擊出七一四支全壘打（目前名列史上第三）等多項紀錄，包括一九二七年單季擊出六〇支全壘打。

中能學到的東西不多。但如果你失去了某些東西，或者遭遇失敗，都是很棒的經驗，因為你因此獲得成長的機會。所以我完全不會為了失敗而憂慮。

另一種恐懼心理是：別人會不喜歡我，或者我會無法得到某人的讚許。覺醒之人度日，不會依照他人的想法、評論、或者他人說要怎麼做，他們甚至不會注意別人怎麼說、怎麼想。反之，他們會說：「我專注於自己的內在訊號告訴我要怎麼做。只要我不傷害別人、不干涉別人對自己生活的選擇權，我想怎麼做都可以。」這就是所謂倫理道德：你有權四處胡亂揮拳甩動手臂，但無權干涉我想把鼻子整成什麼形狀。僅此而已。我們該遵循的倫理道德僅止於此。

如果你正努力根據外在動機（例如別人的評論、想法或感受）來過自己的人生，要知道，總是會有某人（或者很多個某人）會不滿意。你無法取悅所有人，這是不可能做到的。每個偉大的構想都來自創新者，創新者都用不一樣的方式處事，而且不打算取悅所有人。你想想，如果你想取悅每個人，或者你想和每個人都一樣，那麼你個人能貢獻什麼呢？你能貢獻的與他人並無不同。

是時候該擁有自己獨一無二的特質了。你必須體認到，沒有人能真正了解你，因為你是獨特的。你是獨一無二的，沒有人能跑到你的眼球後面，用你的眼光觀察事物。因此，你的人生其實只有一個主管，就是你自己。我知道職場是怎麼回事──我這輩子都在工作。我也知道，你照鏡子時從鏡中看著你的人，你每天都必須確實對他負起責任。

勇於冒險

如果目前的工作讓你很不滿意，首要之務是改變你對現有工作的態度。不設限的人若被判處單獨囚禁，他們會知道要怎麼讓自己度過那段日子。任何曾置身於這種可怕境況中的人，如納粹集中營的倖存者，都能辦到。無論是一片草地、一道陽光、一小口麵包、一個美麗的故事，無論是什麼──他們都能把握那個當下，充實度過。如果在那種境況下都能辦到，我想不出世界上有任何工作是你無法改變態度去面對、並且讓自己好過一點的。一旦你辦到了，你得到升遷或者另獲高就的機會也更大。

如果你試圖改變態度，但仍然感覺不到做這份工作的使命感（這很重要），那麼就是去冒險的時候了。改變你的處境，離開這份工作。你不會讓自己的人生分崩離析的，我保證，如果你向來都能付清自己的帳單，那就是你的本色。這樣的自己才是你應該諮詢的對象，而不是遵循那個堅稱如果你選擇去做別的事就會大難臨頭的人。我喜歡馬克・吐溫（Mark Twain）的一句名言：「我是個老人，我煩惱過很多事，但絕大多數都沒有成真。」很多你設想自己冒險後會發生的可怕情況、所有你以為會降臨在自己身上的災難，其實都只是你的想像。

放手去做你必須做的事——嘗試新工作、擺脫一段戀情、搬到國內的另一個地方或世界的另一個角落、做你一直想做的事。起初可能會很辛苦，或是賺的錢少很多，但你很可能會比較開心。大多數人會發現，對自己的人生擁有使命感，極其寶貴。當你每天都在做對你很重要的事，那種感受是多少金錢都買不到的。

關於我說的這些，我自己就是最典型的範例。我曾在紐約當大學教授和心理醫生，辦過很多工作坊之類的活動。我在一間主要大學中擁有安穩的職位，但每天都在為別人工作，無法帶給我真正想要的使命感。於是我說：「我不想要這種工作。我要寫作、我要演說、我要上電視。我要達成這些目標。」所有在我出名前認識我的人都知道，我曾向所有人，包括在所有課堂上宣告這些目標。

很多人跟我說：「這個世界現在最不需要的，就是再多一本心理勵志書籍，當然也不需要再多一名心理醫生來告訴我們該怎麼做。」但我根本不在乎他們怎麼說。我寫了《為什麼你不敢面對真實的自己？》一書，找到一家願意冒險一搏的出版商。當他們說我不能上全國性電視台去宣傳這本書，因為我沒沒無聞，我說：「好，那我就上WBAB。」WBAB是紐約巴比倫鎮發射功率僅僅五瓦的小型電台，我在那裡接受了第一次訪談。我在本書前面寫過，我也去其他能上廣播或電視節目的地方，講給任何願意聆聽的人聽。

當我得知我的出版社不會送書到我要造訪的城鎮去販售，我說：「沒問題，我自己把書帶去。」當我聽說出版社很可能不會印第二刷，我說：「把第一刷還沒賣完的書寄給我。」某一天，兩千本書直送到我的車庫。當他們正式宣布絕對不會印第二刷，我說：「第一刷已經沒有庫存了，全部賣完了。」當然，剩下的書是我買的，但還是賣完了。

當時的我並不富有，得借錢才能買下那些書，但我為了圓夢，願意付出一切。重要的是，我的意志從來不曾動搖。我上廣播節目時，會有人問：「要去哪裡買你的書？」無論到哪個城鎮，我都會準備一份最近的書店清單。我會回答：「你可以在這裡的書店、那裡的書店買到我的書。」那些書店很快會接到電話，但他們沒有讀者詢問的書。然後我會開著我的小卡車，載著很多本《為什麼你不敢面對真實的自己？》到達那間書店。店家會說：「我們已經被問過這本書好幾次了。書在哪裡？」我會拿幾本書給他們，然後問：「你們要我留兩箱書在這裡嗎？

如果賣不完，可以寄回給我。」他們會說，當然好啊。我成了自己的經銷商，書也終於賣完了。

我走遍全美國，接受數不清的訪問，開車穿梭在城市與城市之間，花費我所剩無幾的錢。在我嘗試多次想上《今夜秀》（*The Tonight Show*）後，製作單位終於打電話給我，邀我上節目，那本書也從此爆紅。

經過這一切之後，你知道我一再聽到別人說什麼嗎？「天啊，你真幸運，在對的時間做了對的事。一切都好順利。」沒有人了解我「一夜成功」的背後付出了多少努力。

回到一九七六年，當我放棄獲得終身教職的機會與充足的外在安全感，遠赴美國的另一端去談如何面對真實的自我時，人人都說我瘋了。但我從來不聽別人說的，我向來只認真傾聽自己真正想要的。我深知，無論發生什麼事，我的內在訊號會指引我必須怎麼做。沒有人能阻止我去做我深知適合自己的事。

我說過很多次，寫作向來是我的天命。我絕對無法放棄。無論我會不會連一本書都賣不出去，我都熱愛寫作。寫作的時候，我深深覺得自己在實現自我，知道自己正在留下難以磨滅的腳印。

諷刺的是，當我終於辭去教授職位去做我真正熱愛、真心覺得正確的事，第一年賺的錢就比我之前三十五年賺的還多。沒錯，我一年賺的錢就多過前半輩子的收入。並不是因為我幸運或有任何特殊機遇。我擁有的機會並不比別人多，其實是比別人更少。我出身赤貧，在多個寄養家庭和育幼院住了許多年，一切都得靠自己掙來。我並不特別幸運。我的成功，是因為我很自信地朝著我夢想的方向前進。我努力去闖，最後得以過上我想像中的生活。

愛你所做的事，做你所愛的事

不久前，我和一個在印第安納州工廠工作了二十九年的人談過話。他向我說明，他真正熱愛的是他的蘋果園和園裡三百棵樹。他對於各種不同品種的蘋果瞭若指掌——澆多少水、種在哪裡、何時收成、哪些農藥安全與否。自己種的蘋果讓他興奮不已，但他人生百分之九十九的時間卻花在做自己不喜歡的事情。

我說：「你的至樂是你的蘋果園，對吧？」

他咧嘴大笑：「噢，我一去蘋果園就好開心，覺得自己和上帝同在。」

「有什麼辦法能讓你不必做其他工作嗎？」我問，「讓你不必把生命虛擲在你總是覺得討厭的工作上？」

「哇，我從來沒想過仰賴蘋果園維生。」

「總有人要買蘋果，也總有人要做蘋果醬和蘋果派吧。」我回答。「如果你知道能讓你至樂的事物是什麼，問題就只剩下你必須冒一些實現夢想帶來的風險，那麼為何不放手去做？為什麼要侷限自己呢？何不給自己一個機會？」

我努力想傳達給這個人的訊息是：「你必須愛你所做的事，必須做你所愛的事。」人人都能辦到。你現在的工作是什麼，不是很重要，但**如果你不喜歡這份工作，你是有選擇的。第一個選擇：你可以冒險**。如同約瑟夫．坎伯[21]（Joseph Campbell）所說：「從你所好。」

如果你不願意冒險，那就改變你的態度。例如，這個人可以說：「好，我每天只要在工廠上班六或八小時，然後我就要立刻去蘋果園工作。」這差不多已經是他在做的事。他繼續做著工廠裡的組裝工作，學著如何不對這份工作抱持負面態度，仍然努力從工作中找到樂趣。

即使開始的過程會讓你覺得不安，但你可以改變。你會發現，關心你的人會支持你傾聽自己的內在訊號，去做你知道自己必須做的事。你會發現，只要內心擁有喜樂，你生活所需遠比你以為的要少。要擁有很多東西、累積很多財富才能活得快樂，這種觀念其實是迷思。如果你不冒風險、如果你只因為一直在做某樣工作就繼續做下去，成功是不會到來的。你唯一能得到的結果，是為自己的悲慘日子辯解。就像主張自己有各種限制一樣——你唯一能得到的就是那些限制。

我完全不認為冒險一搏是有風險的，尤其當你冒險做你喜愛的事時。如果你預見自己會成功，相信努力會開花結果，你就不會讓其他想像出現在腦海中。你預見的未來圖像會原封不動儲存在你內心深處，彷彿你要為了達成這幅圖像而用盡全力。如果你用這幅圖像指引自己，堅持不放棄，你不可能實現不了這幅圖像。這是宇宙的法則。

當你學會將每個障礙視為機會，讓自己注意到該怎麼做才能改變並做出調整，過一段時間，風險就不再是風險了。只有剛開始踏上旅程的人才會覺得有風險，他們會逐漸發現這一切有多輕鬆、多完美。你走得愈遠，風險就愈少。當你成為不設限的人，無論你是否失敗、是否有其他人不高興、你的作為是否「恰當」，都無關緊要了。那些事不再讓你憂慮。你只要做你

---

[21] 約瑟夫．坎伯（Joseph Campbell, 1904-1987），美國神話學家，主要研究領域為比較神話學和比較宗教學，代表著作為一九四九年的《千面英雄》。「從你所好」（Follow your bliss）是他經常提到的人生哲學。

知道自己必須做的事，簡單多了。

努力追求成為你渴望自己成為的那個人，是很聰明的，即使你必須冒險。即使你還看不出來怎樣才會成功，也要去做。雖然前方的道路隱晦不明，但你必須鼓勵自己踏上那條路。

真的「做就對了[22]」，關鍵字是：做。如果我們面前的桌上有一枝筆，我對你說：「好，我要你嘗試拿起這枝筆。」之後會發生什麼事？你會去做，而不只是嘗試！

所以任何一種嘗試都可以稱為「沒有拿起那枝筆」。筆還沒有被拿起來。一旦你真的拿起筆，筆會是在空中。「嘗試」是人類發明出來的；**真正重要的是去做**。當你全力以赴做你熱愛的事，就能實現人生的使命。

要像個初學者，願意嘗試一切事物

我聽過一位大學教授的故事，他是佛教與東亞地區的專家，寫過四、五本相關主題的書。他一直想見到一位住在印度的禪學大師，於是他前往印度拜訪這位大師。大師已經很老了，安詳慈藹，專家見到他就開始談起自己所知的禪學和佛學等知識。

大師阻止了他，問道：「你想喝杯茶嗎？」

「好的，我要喝茶。」

大師拿了一個茶杯，放進托盤，男子則繼續講他所知的知識。大師開始往茶杯裡倒茶，男子還在不停地講，茶杯很快就滿了，但大師還是繼續倒茶。茶溢出杯子流到托盤上，男子還在講話，大師仍繼續倒茶。於是茶落到地上，濺到男子的腳。

終於，男子說：「抱歉，但是茶杯已經滿了。」

大師回答：「你就像這個茶杯。你知道的各種事情已經把你塞滿，沒有空間再讓其他新事物進入了。」

有太多人也像那個茶杯一樣：我們知道的事情把我們塞得太滿，再沒有空間放進其他事情。其他事物只會溢出來，不會進入我們的生命。如果我們能在自己身上看到這個隱喻，就能明白：在初學者眼中有數百萬種選擇；在專家眼中卻只有一、兩種選擇。

要找到自己熱愛的事物，一定要從初學者而非專家的觀點去找。想像自己要去學打網球，如果你從沒打過網球，有人給你一支網球拍，要你「試試看這樣打網前吊球」，你會抱持開放

22 「做就對了」，原文為運動鞋品牌 Nike 的經典口號「Just do it.」。

的心態，你會很願意地說「我打打看」，你會嘗試各種打法，因為初學者有一千種選項可選，**也願意嘗試一切事物**。

但是，如果你和一位專家談如何打網前吊球，他們就只知道一種打法。不僅網球如此，你的事業、你的人際關係、你人生的一切都是如此。在追求至樂的道路上，你必須一直是初學者。你知道的事和隨之而來的負面想法（各種駁斥與評斷），可能讓你裹足不前——因為你必須否認或忽視其他的觀點，才能確定你只聽從自己的觀點。因此，你的內心已沒有空間容納那些嶄新的、令人興奮的、不一樣的、能讓你成長的事物。

當心專家，也要當心自己成為專家，因為成了專家以後，你就會開始為自己設限，一旦為自己設限，你的至樂、你的使命就無法找到你，就像塞滿膽固醇的動脈一樣，什麼東西都流不過去，因為阻塞得太嚴重。你必須清掉那些阻塞內心的東西，方法就是敞開自我，帶著信心向前，做那些對你有意義的事、讓你感覺良好的事、為他人服務的事、對他人有用的事。

《薄伽梵歌》[23]中提出的一個偉大教訓是，做你自己想做的工作，即使做得不完美，也遠遠好過把別人要你做的工作做得完美。很多人不懂這一點，尤其是在西方文化中。總歸就是要了解，如果你追隨讓自己至樂的事物，努力成為自己真正想成為的人，真正的動機就會讓你朝著夢想自信前進。即使你做得不如別人那麼好，或者沒達到別人認為你應該達到的表現，但對你作為一個人來說，你獲得的啟發遠比不去做要多。**快樂地做你自己想做的工作，遠比完美地做好別人要你做的工作，更能服務他人。**

記住：你是誰，取決於你怎麼想。你會成為你想的模樣。有所思，便成為所思。不斷提醒自己這一切，非常重要。

一旦你進入和諧的狀態，你散發給他人的就是和諧。你必須做什麼事、為什麼要做那些事，都變得非常清楚，你絕不能再偏離方向。如果你正做著別人認為你該做的事，即使你認為自己已經做得完美，你的心中仍會充滿反感、敵意與矛盾。如果你存著那些反感、敵意與矛盾的念頭，它們就會持續擴大。除非追隨讓自己至樂的事物，否則你無法成為真正的自己。

我在幾十年來做過的這麼多份工作中體會到這件事。直到我離開那些工作，我才真正開始追求我熱愛的事物，即使做得不像我以前的工作那麼完美，但這時我才開始成為真正的自己。我的思想、靈魂都處於至樂之中，我也進入了和諧狀態。

---

23 《薄伽梵歌》（梵語：भगवद् गीता，轉寫：Bhagavad GTtā），字面意義為「至尊神的頌讚、頌讚、贊歌」，是印度教的重要經典，也簡稱為神之歌。學術界認為它成書於公元前五世紀到公元前二世紀。

活得至樂，真的不切實際嗎？

一直都有人問：「在一個有房貸、水電費、保險費等各種費用要付的世界裡，追尋至樂是實際的嗎？」這個問題的答案是：「**如果你想著豐盛，豐盛就會灌溉你的生命。**」還有一個大問題是，你對於自己的生活方式、對於你認為自己非買哪些東西不可的想法，有多麼無法自拔。

梭羅去瓦爾登湖[24]時寫道：「簡約！簡約！簡約！照我說，你要讓自己只做兩、三件事，而不是一百件事或一千件事。」你也可以選擇這麼做。努力降低你的支出所造成的外在壓力。或許你不這麼想，但要回歸簡約其實很容易，你只需要回顧生活簡樸的時期，那時你不必付錢請人做事，那時你更能掌控自己的生活。那是一種選擇，而我近年來愈來愈熱衷於這種選擇。

另一個選擇是，相信自己能在自己至樂的領域中，賺到和現在一樣的收入——相信這件事，然後冒險去追尋。你能否支付各種帳單，從你自己的過去就能找到答案。如果你是向來都會支付帳單的人，你不會突然變成不付帳單的人。但如果你對於支付帳單向來不負責任，那麼你在追隨至樂的事物時，應該也不會付帳單。

很多人回顧自己的一生，會明白自己一直以來都很負責任，但如果他們做一些不同的事，他們會在心中描繪出自己不負責任的圖像。他們不信賴自己畢生負責任的歷史，而是在腦海浮現出可怕的影像，告訴自己：我無法為此負起責任。

至於那些畢生都不負責任的人，我發現他們並不是因為無法從事自己熱愛的工作而不負責任，而是因為他們只會過不負責任的生活。那是他們採行的生活方式。他們不付帳單，無論十四歲還是三十歲都一樣。到了退休時，他們就破產了。他們歸咎於生活、歸咎於大環境、歸咎於運氣不好、歸咎於那些太多人因為自己處境不佳而歸咎的那些事物。而向來負責任的人會持續善盡一己之責，無論發生什麼事。

我一直記得在甘地生平中讀到的偉大事蹟：有一群記者問他如何用寥寥數語簡述他的哲學。他引述《吠陀經》中經典文獻《奧義書》收錄的語句：「放棄並享受！」他這麼說，並不是要人放棄現有工作，而是放棄對工作表現的執著，只要享受工作就好。追隨你的至樂也有同樣的意味。唯有清除負面事物的障礙，不讓它進入你的生活，之後你才能發現什麼是讓你至樂

[24] 美國文學家亨利・大衛・梭羅一八四五年時搬到麻州瓦爾登湖畔隱居，展開兩年多的隱居簡約生活。一八五四年出版散文集《湖濱散記》（*Walden*），記錄這段歲月的心路歷程。

的事物。

永遠要往內心尋求

很多人認為，追隨自己的至樂屬於「知易行難」的事。我的看法是，唯有你認為它困難，它才困難，就像人生中所有事情一樣。你身為人類面對的每個問題，無論是工作上、人際關係上、財務上、靈性上——無論任何問題——都出自你的內在。滴水的水龍頭就是滴水的水龍頭，如此而已。國稅局要來查稅，就只是國稅局要來查稅，如此而已。你的孩子代數考試不及格，就只是你的孩子代數成績不及格，如此而已。

當事情對你而言是問題，它就變成你的問題了。**只有當你把事情想成問題，問題才會跑到你身上**。也就是說，事情會變成問題，完全是因為你的心智。你面臨的每個問題，都是因你的思想而產生的一段經歷。你到哪裡都帶著這個問題，想著它，睡覺時也讓它伴著你，但它仍然只存在於你身上那個看不見的地方：你的內心。

如果你承認問題在於你怎麼想——也就是你如何使用自己的心智——你就必須追問：「要

怎麼解決？」如果你認為解決方法是水龍頭不再滴水、或者孩子代數成績拿A、或國稅局告訴你會退稅而不是查稅，那你只是在幻想。

事實是，**每個問題和解決方法都在你的內心**——問題在你心裡，解決方法不可能外求。所以，現在就做出選擇，別再向外去尋找你心中問題的解方。

想想這個故事：一個男人遺失了鑰匙。他到外面的燈柱下找，一位朋友來了，詢問是否能幫上忙。他們找了一陣子以後，朋友問：「鑰匙是在哪裡掉的？」

「噢，我在屋子裡掉的鑰匙。」

「那你為什麼要在外面找呢？」

男人回答：「因為屋子裡沒有燈，所以我決定在這裡找，這裡有燈。」

你看看，到屋外去找你掉在屋裡的鑰匙，有道理嗎？當你向外尋求任何問題的解方時，也適用同樣的比喻。如果問題在屋裡，你卻到路燈下找解方，那麼你只是在幻想。如果你遭遇問題，那是因為你把它想成是問題。**能解決問題的唯一方式，是改變你的想法，在內心找到解決方法**。如果國稅局說他們不查你的稅了，其實還應該退稅給你，而你以為「這樣問題就消失了」，那你就錯了。問題消失，是因為你處理這個情況的方式，和處理前一個情況的方式不同。我知道這可能讓你很難接受，但任何問題的解方，都在於你怎麼想。

要追尋你的至樂，你必須先相信那是你做得到的事。如果你認為自己辦不到，認為你人生的處境就是無法讓你愛你所做的事、做你所愛的事，那麼事情就會像你想的那樣發展。你最好讀到這裡就把這本書丟掉，因為如果你相信這一切只是我出一張嘴，你根本辦不到，那麼你根本無法追尋你的至樂。

你必須相信：**「即使我的人生處境是如此，我還是可能充滿喜悅地做我所愛的事、愛我所做的事。我可以做到。」**能夠做到的解方在你的內心，不去做的問題也在你的內心。要讓自己更快樂，絕對不要朝自身以外的地方去追求。

這裡有三點要考慮的事：

一、你一定要相信，當你去做讓你至樂的事物之後，隨之而來的是更多可能性。這表示你要檢視（或重新檢視）你為何抗拒去做你熱愛的事。除了成功、績效、成就與獲得之外，還有什麼阻礙你去做你所愛的事、愛你所做的事？

我向你保證，問一千個人，有九百九十九人都會說：「這太不實際了，我不能那麼做。我很久以前就決定要做現在的工作了。即使我不喜歡，但我會繼續做下去。我的家人不會支持我的。我無法冒險去做。」

當我回顧自己以前的人生，在我還沒做我所愛的事、愛我所做的事之前，腦中跳出的想法是：即使我很擅長當教授和心理諮商師，我仍然是為別人把工作做到完美，我付出的代價是沒辦法把自己真正想做的事做到完美。因為我沒成為作家，我沒有靠自己獨當一面，我沒去追求我熱愛的事物。

當時我每天上班下班像是在鑽營日常——生活變成例行公事，非常乏味，阻礙了我寫作時的靈感。當你走上對的道路時，總有一天你會再也無法忍受你不想做的事，有些人對於過著例行公事般的生活完全不在意。他們不斷重覆著一做再做的事，為了有一天能得到一支金錶之類的目標。但那完全不適合我。

反之，我必須思考什麼樣的生活是至樂的人生。我心中描繪出的圖像是自己一早起床先不換衣服，穿著睡衣就坐在打字機前開始寫作。對我來說，穿著睡衣去工作是很棒的形象——我喜歡想像自己起床就坐在打字機前做我想做的事，感覺自己能掌控一切。我開始想像自己做這一切，寫下自己的行程表，照著自己的意願，然後發表作品。我開始看見自己過著這種生活。

當你改變想法，改變腦中描繪的願景，你就改變了自己最非凡的部分。

我愈想像自己這麼做，它就愈像真的會實現的事。我唯一還沒做的，是讓自己真正追尋一直以來的夢想。我發現自己每天開車奔馳在長島公路上下班時，愈來愈無法滿足。終於有一天，我覺得受夠了。我開車去我任教的大學，直奔校長辦公室，告訴她我要辭職。即使我當教授的前途一片光明，但我就是做不下去了。我說，我要在學期結束時離開。

那天開車回家時，我經歷了記憶中職場人生最寧靜的時刻。當我行駛在高速公路上，路況不同了，天空不同了，連車子的內裝看起來都不一樣了。我既興奮又充滿喜悅，因為我知道自己終於可以行使自己一輩子渴望的自由。一切無關金錢，而是關乎盡己所能去冒險一搏。當我開始檢視其中的風險時，我回應：「我可以應付。」

二、做你熱愛的事並以此為生，機會其實不少。真正稀少的是實現一切的決心。這非常重要。無論你熱愛的事物是什麼，無論什麼事能讓你感到至樂，要知道，總有某些人在某些地方以此為生。你會缺乏決心，是因為恐懼：「我可能會失敗，我成功不了的，別人會嘲笑我。」

記住，別人的意見只是別人的意見。別人說了什麼或沒說什麼，都不該作為你引導自己人生的依據，也不該作為你人生前進的動機。別人高談闊論你的人生該怎麼過，為什麼你就該聽從？如果你能看清他人反對的本質，那麼遭遇反對的風險就不再是風險了。**你做或不做某些**

事，別人贊不贊成都與你無關，只和他們自己有關。

然後，再一次，當你走在開悟之路上，你會發現沒有失敗這回事，你做的每件事都會製造出結果。問題不在於你能否製造出結果，而是你要拿製造出來的結果怎麼辦。如果你要揮桿打出一顆放在球座上的高爾夫球，而它只是掉下來滾到旁邊，你並沒有失敗——你還是製造出了一個結果。

你可以用你製造出的結果做很多事。你可以說：「看吧？我就說嘛，我不會打高爾夫，我沒什麼運動細胞，我不擅長。我沒天分，向來如此。我就是辦不到，這是我的天性。」你可以用盡一切藉口，不再打高爾夫球，或者你也可以說：「我最好再試一次，看看我這次的揮桿如何！」然後你可以一試再試……冠軍就是這樣煉成的。

做任何事都沒有所謂的失敗——做任何事都會產生結果。

三、**如果你不願意換掉工作，那麼就每天練習愛上你的工作。**你可能不想放棄現在的工作，在很多情況下這是很實際的想法，做出這種選擇絕對合理。

有一樁絕妙的禪宗公案是這麼說的：「開悟前：砍柴、挑水。開悟後：砍柴、挑水。」你做的是不是砍柴挑水的工作，無關開悟。在某種意義上，我們都要砍柴、挑水。開悟之人明白要如何重新看待自己的工作。

如果你不想為了追求至樂之事而轉換工作，那就改變對現有工作的態度。如果你每天上班都想著你有多討厭自己的工作，而且你知道你的想法會持續放大，那麼會放大的就是你對工作的厭惡。

追尋至樂的關鍵是：你必須愛上你做的事，然後販賣那份愛。你要賣的不是你做的事，不是你的產品。你愛你做的事，就像愛你的另一半、愛你的孩子一樣。你要販賣的是對所做之事的熱愛。你販賣那份熱情、激昂、喜悅、滿足──對自己工作的那種細緻、喜愛、平靜、安寧的感受。這正是我現在的作為。

我不是去賣我的書；我熱愛自己的作品，我賣的是那份愛。我賣的是那份熱情、激昂、那種對於自己能帶來改變的真實感受。當你能夠販賣你感受到的愛、熱情與激昂，你的產品是什麼並不重要。如果你是牙醫，你熱愛這份工作，而且販賣的是這份熱愛，那麼你就能熱情且充滿愛心地行醫，人們也會想來找你看牙。如果你賣機械零件，你充滿熱情與興奮，而且真心真意，那麼人們會想要接近這樣的愛。你賣的就是那份愛。

如果你正做著一份你認為充滿例行公事的工作，但你決定繼續做下去，因為再做十幾年就能退休了，那麼你現在要做的是改變你的態度，在工作裡尋找能讓你興奮之處。不要只是每天一邊上班一邊說：「噢，不敢相信我還在做這些事。」你要說的是：「我做這份工作是有薪水的。這就是我產出的成果。藉由我產出的成果，我可以幫助很多人。」

如果你是在生產線工作，為產品上螺栓，那就帶著正直、熱情與興奮的心情去上螺栓。你知道螺栓是可以救命的，因為沒有它，門或其它東西就會掉下來。如果這是你想完成的事，就帶著好心情去做；如果不是，那就必須改變你的工作。你只有兩個選擇：不是改變工作，就是改變你進行工作的方式。你要找出其中的益處。在任何工作、或者任何你選擇去做的事情裡，你都能找到益處。

你想要什麼？

你要明白，你現在討厭的任何事物，經過重新陳述與重新思考，都能讓人生更豐富。你必須把握一個很簡單的前提：**你討厭的事物會削弱你的力量，你想要的事物會增進你的力量。**你要做的是努力不要討厭任何事。如果你討厭工作上的處境，總是談論那些你看不順眼的人，談論別人冒犯到你的行為，而這如何讓你不舒服，那就努力停止這麼做。要記住，所有你討厭的事，都會削弱你的力量，而你要做的是追隨自己至樂之事。

如果上司對你脾氣暴躁、態度惡劣、經常辱罵你，你恨透了這樣，那麼你自己也會變得脾氣暴躁又愛口出惡言。你會成為壞脾氣、口出惡言的一部分；你就等於壞脾氣和口出惡言，壞脾氣和口出惡言也等於你。當然，你不想變成這樣，那要如何把討厭的事變成能讓人生更豐富的事？你想要的是什麼？

如果你想要的是和某人擁有和諧關係，那就專注去想：「我想要和這個人和平共處。這是我要創造的，因為讓我煩心的關鍵，不是上司的行為，而是在於我如何應對他的行為。所以我要用不同的方式應對。我要把他的行為看成是他在他自己道路上的所作所為。這是他的行為。我要換一種應對方式，不再讓他的行為使我陷入厭惡的窠臼。我要做一些事來化解他的惡行惡狀。我要教育他，讓他知道不能再這樣對待我，因為我想要的是和諧的關係。我從不放棄追求我想要的事。我把其中的衝突當成是機會，讓我得以學習如何讓衝突過去。」

你要始終記得你的想望。每當你的上司出現負面行為，與其和他一樣充滿憤怒、仇恨與苛刻，你應該轉化意念去思考：「我想要什麼？我想要和諧。我要如何把和諧傳達給這個人？」

你有沒有試過挑動一個不想爭執的人和你爭執？其實真的很難。要和一個拒絕爭吵的人爭吵，非常不容易。把注意力從你討厭的事轉移到你想要的事上頭，你和上司之間的關係，就會朝你想要的方向發展。你愈常思考自己想要的事情，就會擁有愈強大的力量。你能將你和上司之間充滿憤怒與敵意的關係，轉化成愉快的關係，而且只要幾天就能辦到。其實你也可以送他一份禮物。

所有你一直以來抗拒做的事，如果你打從內心覺得很難辦到，那就是線索，你必須勇往直前去做。別一直想著你討厭的事，而是持續思考你想要的事；一旦你發現自己將情況全盤翻轉，就代表你用這種方式重新展現了你要的東西。你會發現，至樂就是你得到的回報。

筆記練習

閱讀第九、第十章時，你可能會想，我怎麼知道什麼事是我的至樂？若是如此，那麼你首先要了解：你很清楚什麼事不是你的至樂。你肯定知道什麼事無法點燃你內心的熱情之火，這一點毫無疑問。

我在本書第三部的首頁，放上歐普拉．溫芙蕾（Oprah Winfrey）的一句名言。關於這個主題，她還說過以下這些話：

你如何知道自己走在對的道路上？就跟你知道自己走在錯誤的道路上一樣：你會感覺到。對於意義重大的事，每個人所感受的召喚各自不同——你的召喚就像你的指紋一樣獨一無二，沒有人能告訴你那是什麼……

生命每天都不斷地對你說話——而你的工作是仔細聆聽，找出線索。你的熱情會透過你的感覺對你耳語，呼喚你走向至高的喜樂。注意有哪些事讓你覺得充滿活力、非常契合、深受鼓舞——這就是會讓你備受尊崇的事。做你熱愛的事，將它化為你的服務來回饋眾人，你會得到比成功更勝一籌的結果。你會享受到勝利的喜悅。

在筆記上寫下你對這段話的感受。當人生對你說話時，它說的是什麼？

第11章 耕耘自己的花園

小時候，有一天我放學回家後問母親：「劣等大象（scurvy elephant）是什麼？」

她說：「我不知道。我完全不知那是什麼。」

「我聽見老師說，偉恩・戴爾是班上的劣等大象。」

母親打電話給老師，老師說：「我沒有那麼說。我說的是，他是班上的搗亂份子（disturbing element）。

是的，我一直是劣等大象。卡明斯[25]曾在一封信中寫了這段了不起的話，對我而言說明了一切：「做一個無名小卒，但忠於自我（在一個日日夜夜極盡所能要把你變成另一個人的世界裡），意味著你要打的是人類最艱困的戰役，而且永遠無法停止戰鬥。」

---

25 卡明斯（E. E. Cummings, 1894-1962），美國二十世紀的代表性詩人，也兼具作家、畫家、評論家等身分。

我認為這段話比世界上任何事更能說明我的信念。人就是要放下一切，成為自己想要的樣子，不受任何人控制。不再覺得自己該迎合他人，不再去做別人認為你該做的事，可能是你能擁有的最大自由。很多人認為，自由源於外在動機，例如能賺很多錢、獲得無數讚譽、讓朋友言聽計從、贏得一場美式足球賽或網球賽——他們認為這是成功的標誌。如我們所知，這些事物完全不代表成功。

請記得，快樂是內在的概念。你無法得到快樂。你可以永無止盡地尋找快樂，但永遠不會找到。我很確定你聽過這句話：「我到何處，都有我在。」這表示你永遠都得跟自己相處，所以你唯一該關切的事，就是探詢自己的內在訊號。

我想外界可能有一種觀點，認為像我這類人寫的書都教讀者要自私。其實世上我最不認同也不支持的一件事，就是自私。在我自己的生命中，我當然更不知道要如何自私處世。我不贊同人要自私，也不贊成利用他人來達成自己的目的。如果我贊成自私的話，那我的書名會像是《如何利用他人作為自我實現的墊腳石》。但這是我完全不認同的觀念。

對我來說，人生的首要之務，是擁有享受人生的能力。知道如何享受人生、如何愉悅度過自己經歷的每一天，這樣的人是最不可能自私的。

知道如何享受人生、如何正向看待任何生命處境、從不消沉、不成為他人負擔的人，就是一個已開悟的人。如果你遇到這樣的人，你永遠不會看到他們操弄別人、為他人犧牲自己的人生、或煩惱別人怎麼看待他們等等。

這是很重要的概念，請務必放進腦袋裡。當你達到一個境界，能在活著的每一天裡找到喜樂，那麼你永遠不會成為任何人的負擔。你甚至不知道要怎麼成為別人的麻煩或負擔。當你成為那道閃耀的光，當你享受著自己的生活，你已經在用無私度日，而且毫不費力。你幫助了他人，因為你示範了身為不設限的人是什麼模樣。

自己好過，也讓別人好過

前面提過，覺醒之人只找解決方法，不找麻煩。他們往往專注於思考：**好吧，現在有這些狀況，那就想想可以做些什麼事讓情況好轉。**

例如，多年前我遇過一位非常無禮的空服員，似乎忘了用好態度服務顧客的技巧。不知何故，她為了我的行李要怎麼放而對我動怒。我一度以為自己缺乏能力回應，也對她動怒，但這只會製造出更多怒氣。然而，我已在開悟之路上進化了，所以我立刻明白，這是她的問題，不是我的問題。在她對我吼叫後，我回答：「天啊，妳今天一定過得很糟。妳大概飛遍了整個美國吧？」

她的態度馬上軟化，說：「噢，是啊，我已經兩天沒睡了。」

「那妳何不放輕鬆一點？我來放行李就好。」我這麼對她說，然後一切都沒事了。

這件事說明了，即使是看似微小的事，也能示範如何以解決問題為導向、而非以製造問題為導向的方式處事。更重要的是，我能化解這個狀況，是因為我不曾將這件事視為我的問題，一秒鐘都不曾。我了解這是她的問題，與我無關。你在人生中遭遇任何狀況時，**一定要記住，你要尋求的是解決方法。而不是計較對錯或輸贏**。

這讓我想起女兒崔西年幼時發生的一件事。當時我的姪兒們住在我家，其中一個姪兒睡在客廳的一個床墊上。他起床時，我說：「湯姆，你必須收拾一下那個床墊。」

「我想最好的辦法是把它丟到崔西的房間。」他回答。他認為這辦法很好。他星期一把床墊丟到崔西房間，星期二把床墊丟到崔西房間；星期三還是把床墊丟到崔西房間。

這時候，我女兒的耐性已到了極限。她想跟我談談為何我姪子會這麼做。

我告訴她：「親愛的，要解決問題，不要製造問題。星期一、二、三已經過去了。是妳教他把床墊丟進妳房間，因為妳一直在忍耐。所以妳想跟他說什麼？」

「別讓床墊出現在我房間。」

「好，就這麼告訴他。」

她去說了，湯姆說：「好。」接下來他把床墊丟進我房間，然後我把它丟出來。當然我是在開玩笑，但我們最後還是找到每個人都能接受的解決方法。

你有沒有注意到，要跟一個不想難過、不想不開心、不想生氣的人起衝突，是多困難的一件事？他們對於爭對錯沒有興趣，所以衝突很快就消弭於無形。這種人的動機，來自他們對真實、美好、道德、個體性的需求。這些是對他們非常重要的概念。雖然這種人不多，但你到處都能遇見他們——到冰雪皇后[26]（Dairy Queen）用餐時、搭計程車時、在候診室等待時都可能遇上。他們不必是哲學家或有特殊成就的人，但當你接近他們時，你會知道。

他們是無所畏懼的正向思考者，對於任何生命都充滿愛心。他們專注於當下此刻，認真對待眼前的事物。他們不執著於過去或未來，擔憂或內疚不是他們生命的一部分。他們具備某種

[26] 冰雪皇后（Dairy Queen），美國連鎖冰淇淋店。

特質，能夠對自己說：這件事對我有意義，我必須去做，因為我相信它是對的，即使一路上要面對所有人的批評。

你可能會想，我要怎樣才能擁有這種特質呢？我要怎樣活得更充實？答案當然是，做就對了。我想到一個活在幾世紀前的人，伏爾泰[27]（Voltaire）。他寫了一本奇妙的書《憨第德》（*Candide*），講述一名男子和同伴一起踏上尋找自我的旅程。結局可見於書中最後一句話：「我們必須學會耕耘自己的花園。」他們四處尋找財富，但最後只覺得徒勞一場，最後，他們學到的是要如何耕耘自己的花園。

對我來說，這是史上最具有洞見的一句話。你必須學會耕耘自己的花園，而不是到處去指點別人家的花園。他們想在花園裡種大頭菜、想用不同的肥料、想保留雜草，都不關你的事。你的花園是你想要的樣子，那才重要。**學著如何接受你擁有的事物，享受它，讓你的人生照你的方式度過，努力培養出自己的人生使命與任務。**你能學到最大的祕密是：把自己的花園整理妥當。栽培你想種的東西，別再把注意力放在別人的花園。

人最難領悟的事情之一，就是我從藏傳佛教中學到的：「宇宙萬物如是存在。」想想看，無論任何事物，都是本應存在的。證據就是：它存在。如此而已。這並不代表你無法改變。如果你能改變事物，那就去改變，而不是對世界現狀生氣，或責怪反映出一切的鏡子。接受它，然後盡你所能地改善它。

不過，你必須停止評斷別人。想想看：一對老年人走在海灘上，他們說：「看看那些孩子，他們來海灘幾乎沒穿衣服。他們丟飛盤，還帶狗來，真是吵鬧極了。」這全都是在評斷他人。他們看著這個世界說：「我無法接受這個世界的樣子。我希望它不是現在這樣。」那些年輕人則看著長者說：「看看那些滿是皺紋的老傢伙，他們穿得好古板，他們老是對我們生氣，無法享受任何樂趣。」這也是在評斷他人，沒能將世界萬物視作本應存在的樣子。

我們沒遵照那句古諺「自己好過，也讓別人好過」，我們總在評斷他人，希望事情是另一番樣貌，和現在不同。請別再用評斷的眼光來觀看這世界，你可以用一個哲學家喜歡提出的問題，問自己：你看這個世界時，是看到它原本的樣子，或透過你自己的判斷？如果你透過自己的判斷去看世界，你就會希望它以你認同的樣子存在。如果你看到世界原本的樣子，你就可以改善它。

27 伏爾泰（Voltaire, 1694-1778），法國思想家、哲學家、文學家。啟蒙運動時期公認的領袖，被稱為「法蘭西思想之父」。以捍衛公民自由而聞名。

寬恕的力量

一九七四年，我經歷了一次驚人的事件。這個故事我講過很多次，但每次似乎都能帶來深刻的影響，所以現在我想再分享一次。

我從八歲開始尋找父親，而且經常夢見他。其實我根本沒見過他，所有我聽說過關於他的都是負面的事。看來他對待生命中每個人都極為殘忍，他的人生從各方面來看都很不光彩。

但在我內心，仍然有某些揮之不去的感受……其中有憤怒、有心痛、有苦楚。這些感受讓我想和這個人聊聊，我想問他：「你怎能拋棄三個孩子？你怎能離開一個女人，從不給她孩子的養育費？你怎能用酒精毀了自己？你怎能痛毆一個人又強暴她，用這種方式害她懷孕？還有其他因為我母親說起來太痛苦，所以我拐彎抹角聽來的那些事，你怎麼做得出來？這一切的原因是什麼？」

我想知道，因為我認為，他當年的離去在某方面來說可能是勇敢的決定。也許他只是無法留下來面對一切，也許他太愛我們了……誰知道呢？對於不知道答案的事，就只能猜測，然後一直掛念著，我就是如此。我的兩個哥哥卻對這些事完全不在意。大哥吉姆對父親還有些印象，二哥戴夫則全無記憶。他倆對於我的問題絲毫沒有興趣。

我必須告訴你們這些事，因為它非常重要：當你的人生，與你相信自己活著的目的互相契合時，突然間（的確是一瞬間），你的使命會佔據你，你將進入快速前進的軌道，一切都阻止不了你。無論你的使命是什麼，都會與你生命中的一切變得有關，太美妙了。當你為使命而活，它就會開始佔據你的人生。我只能這麼說。

關於父親帶給我的一切——那些悲慟、心痛、折磨、夢想等等——即使在我得知他的死訊後，仍持續多年。一位遠親告訴我，父親已在紐奧良過世，遺體運往密西西比州比洛克夕市，我打探到的消息只有這麼多。

一九七四年，我在紐約聖約翰大學當教授，同時也得到一個機會，可藉由幫助另一位教師來多賺點錢。我受邀南下密西西比州哥倫布市一所學院，確認該校的運作是否符合《一九六四年民權法案》[28]。我要花兩天時間，在課堂之類的活動中觀察，然後送出報告。當我得知當地

---

[28]《一九六四年民權法案》（*Civil Rights Act of 1964*），美國立法維護平等權的里程碑法案，禁止基於種族、膚色、宗教信仰、性別或祖籍國的歧視行為。該法案是繼南北戰爭的重建時期之後，美國最重要的民權運動標誌。法案也禁止公民投票中的不平等待遇，以及在學校、工作場所和公共空間中的種族隔離。

距離比洛克夕市的車程僅有四小時，我判斷這是對的時機，我可以弄清楚自己究竟能否找到答案，解答那些放在我心裡幾十年的疑問。

我飛到哥倫布市，完成學院裡的工作後，去租了一輛車。租車公司給我一輛非常新的車，哩程表顯示只開了〇．八英哩（約一．二公里）。我還納悶，他們怎麼把這輛車弄到這兒的？我是說，這輛新車怎麼會在密西西比州哥倫布市？我完全想不透，但在心裡留了個疑問。

接著，我繫上安全帶。那時還沒有肩帶式安全帶，只有那種橫越大腿的兩點式安全帶。我伸手到座位下面去拉安全帶，但拉不出來。我得真的把座位搬出車外才拿出安全帶，但即使是在一九七四年，我也不願意不繫安全帶開車。

我拉出安全帶時，它還包在塑膠袋裡。拆開包裝的時候，我發現一張名片，寫著：燭光客棧——密西西比州比洛克夕市。我把名片放在口袋裡，沒有多想。

我開車上路，前往比洛克夕市，途中載了一個搭便車的移工男子，繞了點路送他到目的地。星期五下午四時四十五分，我抵達比洛克夕市的郊區，然後在一間加油站找到電話亭，翻開黃頁電話簿。我想打電話到列在電話簿裡的三座墓園，詢問父親是否葬在那裡。

打給第一座墓園時，電話無人接聽。打給第二座墓園時，電話忙線中。打給第三座墓園時，鈴響了一陣子，終於有人接起電話。我說：「你好，我的名字是偉恩．戴爾，我想問問，是否有一位梅文．萊爾．戴爾葬在那裡。」

接電話的男人說要去查，然後我開始了這輩子最漫長的等候。終於他回來接電話了，說的確有，有個叫這名字的人葬在這裡。

我的心臟簡直要跳出胸口——怦咚、怦咚、怦咚。感覺像是一趟很漫長的旅程來到終點。我說：「好，那我要怎麼過去？」

「很簡單，」他回答，「我們就在燭光客棧那塊地上。」

我伸手到口袋裡，拿出那張名片；沒錯，就是這個地方。於是我去了那裡，找到父親的墳墓。我站在那裡，跟這個我從未見過的男人說話，講個不停。

我和他講了很長的一段話，過程中我原諒了他所做的一切——包括對我母親、對我哥哥戴夫、特別是對我大哥吉姆，他對吉姆做了很多可怕的事。我以前沒想過要寬恕，沒想過寬恕有多重要，沒想過我是否應該寬恕，或其他類似的事。但我就這樣寬恕了他。我花了兩個半小時在他的墓前，眼淚沒停過。在這段時間裡，我寬恕了我的父親，也改變了自己的生命。

我想告訴你，如果你對地球上任何一個人帶有敵意、憤恨、悲慟、苦楚（無論對方是誰、對你做了什麼事），而你選擇用怨恨來回應，那這些毒害心靈的感受永遠不會放過你。寬恕是世界上最偉大的動機來源。如果你對任何人事物給你的痛苦與傷痛緊抓不放，我以個人經驗告訴你，你必須放下一切。

你不必跟我做一樣的事——你不一定要到誰的墳前，或打電話給誰，你也不必讓任何人知道你在做什麼。在你的內心，你只需要對自己說「愛就是寬恕」來淨化自己。寬恕是一個單字，也可以是兩個單字。以一個單字來說，就是「寬恕」（forgiving），也就是我們在這一章討論的。但這個單字同時意味著「為了給予」（for giving），代表你送出禮物，而你不求任何回報。

經過這趟比洛克夕的經歷，我的生命變得非常清晰，重點非常明確，我的目標也變得再清楚不過。離開後，我立刻擬出《為什麼你不敢面對真實的自己？》一書的大綱。之後我再也不曾夢見父親，對於他和他做過的事，我不再覺得悲痛。現在我和他處於和平，無論他在哪裡，我都會將愛發送給他。一切都很好。

其實，我已將梅文・萊爾・戴爾視為我最人生中偉大的老師。若沒有承受過他的所作所為導致的後果，我永遠沒機會幫助這麼多人，沒機會為他人和我自己創造美好事物。我明白了這件事，也明白了我有多需要這樣的老師，我對此深信不疑。我也想告訴你們，無論你內心有什麼感受，都不是別人造成的。那是你自己決定要放在心裡的。一切都源於你的選擇。

將愛發送給所有人

花點時間，想想人生中所有和你起過衝突的人。也許是你兩歲時媽媽發脾氣，也許是你的鄰居，也許是你的男友。無論對方是誰，在心裡列出清單，從跟你衝突最嚴重的人，到那些只是讓你氣惱的人。然後，向他們每一個人發送你的愛。

向那些盡責任對你好、本性善良的人發送愛，很容易。那對你的愛不構成考驗。耶穌被釘在十字架上時，有人將矛刺入他的肋骨，他的反應是：「父親啊，寬恕他們，因為他們不知道自己做的是什麼。」每當有人自稱基督徒，並告訴我他們討厭誰、不討厭誰，我會說：「你的基督徒身分只是你自己宣稱的，但你根本不像基督。」這是一種考驗——要像基督，而不只是當基督徒。要做正統基督教會的一份子不難——誰都能當。他們只需自稱是基督徒，在禮拜天去教會，就行了。但不是這樣就會像基督。

請努力這麼做：**當你在生活中遭遇負面事物時，練習向對方發送你的愛，即使他對你非常惡劣。**你可以從應付脾氣暴躁的司機這種小事開始練習，然後應用到比較嚴重的事情，例如工作上有人用殘酷技倆對付你的時候，或者有朋友背叛你的信任時。這最終會成為你面對人生的一種方式。

當你將愛傳遞出去，你的人生也會得到愈來愈多的愛，你會因此變得自由，因為你懷有的怨恨，是比任何癌症都毒的毒藥。它會持續不斷吞噬你，直到你能愛傳遞出去為止。能夠做到這一點，你才能體驗最理想的覺醒人生，不讓任何事物侷限你。

我在自己的生命中也得練習這件事。有人上法院控告我，想利用我的地位牟利。我以前很生氣：這個人怎麼能這樣？是哪個律師接這種訴訟？他們怎麼對得起自己的良心？我奮力對抗，但除了證明自己是對的，也換來巨額的律師費帳單，還有長達多月的痛苦煩憂。當我開始將愛發送給對方，就明白了這都是他們的問題。

我發現，有些東方哲學會將我經歷的這一切視為考驗，要測試我是否夠成熟。其中自有教訓，而我必須努力在痛苦中找到祝福。於是我開始這麼做，不知不覺中，對方就撤告了。我的生產力大增，寫作成果改善，也開始覺得自己是更好的人。我的秘書甚至說：「你現在看起來整個人容光煥發。終於擺脫那件事之後，你簡直像在騰雲駕霧。」

有些人跟我借了錢很多年都沒還，以前我會很生氣，心想：這人怎敢這麼做？我借他們錢，最後他們竟然將錢占為己有，這是偷竊！但現在我不再憤怒，甚至曾拿我的書送給這些人。我放下了。我不認為應該不付帳單，我個人是只要收到帳單就會儘快付清，但有些人的情況不同，我不想因為他們的行為而沉浸在壞情緒裡。如果我因為他們拒絕還錢而生氣，那麼他們拒絕還錢就是我怒氣的來源。這一刻，我等於是允許他人的行為控制我的生活。我不希望這種情況發生。

如果你也處於類似情況，你要明白，唯一的解方就是寬恕。你必須放下。你不必忘記這件事，你只需要原諒。如果你不想打電話或寫信給對方，那就別這麼做。你只需要放下——**當你放下了，這就是「不執著」**（nonattachment）。你不再執著於某人或他們的行為。當你不再執著，你就能自由回歸那個有創造天賦的自己。不執著，是個非常有用的原則。

我還有另一個例子，來自一位律師友人，他正在經歷可怕的離婚程序。他的妻子要求取得他半數的執業營收，還想要孩子的撫養權和他全部的存款。妻子顯然有婚外情，後來被他發現了。他們曾擁有幸福婚姻，現在卻充滿仇恨。在一間漂亮的餐廳裡，他坐在我對面，我看得出他飽受折磨。他承受太多痛苦，四個月之間像老了十歲。

他想花一整晚的時間，向我細數他自己多麼正確，而妻子犯了多少錯。他一再說她沒有權利這麼做。「她怎敢這樣對我？你知道她還曾把那個男人帶回我們家嗎？偉恩，你怎麼想？」

我說：「我一定得說你是對的，是吧？」

「不是啦。總之，你怎麼看我跟你說的這些事？她有權利做那些事嗎？」

「有。」

「你說『有』是什麼意思？」

「她已經做了那些事，」我解釋，「你不能把她已經做的事情變成沒做。」

「那你認為我應該怎麼做？」

「我認為你應該原諒她。」

「我已經原諒她了。」他向我保證。「我已經跟她說我原諒她了。」

「不，你不必為了原諒她而對她說什麼。」我說，「你要做的是，把一切放下。你在辯護什麼？你飽受痛苦摧殘，早上連起床都困難，也無法好好執業。你深陷憂鬱之中，血壓飆升，茶飯不思，體重掉得太快。你備受折磨──原因是你不願意原諒她。

「這與她無關，而是你自己必須承受的考驗。我希望能進入你的腦袋裡，讓你明白發送愛給她有多重要，即使你認為她的行為太過惡劣。你一定要這麼做，否則你自己會活不下去。很顯然你現在正在自殺，只是過程緩慢，會花一段時間。如果你想停止自殺，那就遲早要原諒她，何不選擇早一點原諒，現在就原諒？你不必還和她維持婚姻關係或做其他的。」

「那麼，關於錢那些事情怎麼辦？」

「她想要多少錢？」

他喃喃說出答案，然後我說：「那就給她那筆錢，而且再加一點。」

「什麼！」

我說：「別擔心，錢會回到你手上的。但多給她一點錢，而且預先給她。讓她知道你已不想再和她保持婚姻關係，而且想要速戰速決。然後學著原諒——你會發現人生中出現了過去你認為不可能存在的平靜、美麗、祥和。它們就在那裡。你必須做的只是原諒，你必須做的只是想清楚：她是人，而她犯了錯。你沒有犯錯。

「沒錯，你逮到她出軌，而你沒做錯任何事，但無論如何，把這一切都放下吧。你會發現生命更豐富，因為你不會把每個當下都耗在說服自己你有多正確。這已經不重要了。**誰對誰錯**

已不重要，重要的是你必須快樂，這才是會存在你內心，一直跟隨著你的東西。」

就像我的朋友一樣，你必須記住，要達到徹底地快樂、成功、滿足所需具備的東西，你都已經擁有了。你必須做的，是放下那些讓你執著的事物。

想像自己抓著牢房的欄杆，大喊：「放我出去！放我出去！」而你望向欄杆左邊，又望向欄杆右邊，全都是開放的空間。你轉過身，後面也全是開放的空地。因為你視野狹隘，向來只直直望向前方，盯著你知道的唯一處事方法。

這一切的圈套都讓你覺得自己像被關在囚牢裡，但是，請看看左邊、看看右邊、再看看身後。你在一間開放的囚室裡緊抓著欄杆——你只要放手繞過欄杆就好。你可以成為完全自由的人，放眼望去，前方沒有任何限制。

筆記練習

在筆記裡寫下你必須寬恕的人，以及你可以怎麼做到寬恕對方。你還可以用什麼方式耕耘自己的花園——你要如何走向自由的未來，不再抱持那些使自己退縮不前的負面態度？

第12章 點燃改變火花的九個問題

改變是一個弔詭的課題：同一時間，一切都在改變，一切也都不變。同一時間，一切都在，一切也都不在。宇宙和宇宙中的一切都在持續進化，但範圍僅限於宇宙之中。

我是這樣看的。如果你向後退，凝視牆上的畫，我問你畫是否完整，你會說當然完整。但你若拿出最強大的顯微鏡去觀察那幅圖畫，你會發現，每一滴顏料中都有好幾個宇宙，和畫中另一側的宇宙毫無關聯。紫色、綠色、藍色的顏料裡都有小傢伙——裡面都有細菌。往所有生物裡面看，裡面都有更多生物。只要一直往裡面、再往裡面看，你會看到，在這幅完整的畫中，有數兆個細胞不斷朝那個方向前進；還有數兆個細胞朝另一個方向移動。宇宙永無止盡，不斷前進。

我想，如果我們後退得夠遠，把整個宇宙看成一幅畫，就會發現它已經很完整。它是一個整體，它是完滿的。它必須如此。但是，在宇宙裡，如果我們將它分解開來，就會看到很多事情在發生。我們可以在完整的宇宙裡，改變並進行任何我們想做的事——我們擁有自由意志，同時又沒有自由意志。我們改變正在發生的事，但又看著完全沒改變的整體宇宙。

那麼，要如何讓人們看到完整的宇宙圖像？如何讓人們做出真實且持續的改變？答案是：每個人都不同。有些人仰賴治療師與支持團體、去勒戒中心、讀四百本書、反覆加強一切心理建設，才能做出改變。這些人必須如此，那也無所謂。如果你的內在迴路就是這麼運作的，那當然要遵循它。

我則不是那樣。對於我的人生要怎樣、不要怎樣，我都在瞬間做出決定。例如，我十四、十五歲時，曾嘗試喝咖啡，覺得咖啡很苦。它的味道很有趣，像是我不想要的化學物質。我向媽媽和哥哥說：「我這輩子絕對不再喝咖啡。」那是很多年前的事了。我試了咖啡的味道，下了決心，宣達了我的決定，自此沒再喝過一杯咖啡。很多人請我喝咖啡，但我知道，我不想讓那種苦味進入口中。我不想攝取咖啡因。我就是知道。

這就是我能做出改變的原因，但並不代表這一定是對的或好的方式。我可以坐在這裡非常有自信的說，我絕不喝咖啡。我有把握。對於人生中的很多事，我都能很肯定的講，包括我絕不會變胖、絕不抽菸、一定會維持良好健康等等。但對於很多人來說，他們天天奮力對抗這些問題。**重要的是，你要了解自己，也要明白，你有足夠的力量，能做到一切改善人生必做的事。**

在本書接近尾聲之際，我想留給你一連串問題去深思，引導你邁向不設限的人生。

一、如果你突然發現自己只能再活六個月，你會怎麼改變人生？你會做些什麼？如果你知道你的一切都將在六個月後結束，你會做哪些不同的事？比方說，你還會繼續做原來的工作嗎？你會想讓一切維持原狀，還是會離開，去嘗試新事物？

這是個好問題，因為沒有人確知未來會如何。我們每個人都擁有同樣的時間，而時間轉眼間就過去了。當然，你擁有的時間應該遠多於六個月，但即使還能活幾十年，你在世上的時間仍然很短暫。你想怎麼利用這段時間呢？你想為世界帶來改變嗎？你想幫助別人嗎？你想終結這個地球上某些大問題嗎？你想嘗試過去不曾試過的事情嗎？還是只想多玩樂、多開懷大笑？

無論你腦海中浮現的答案是什麼，都說明了一切。我的忠告是，請冒風險去實現渴望。全力以赴吧！

二、如果你能選擇世界上任何一個不曾和你住在一起的人同住，你會選擇誰？想像你的人

生是從這一刻開始，而你從來不曾和別人同住，你會選擇誰和你一起生活？你還會選擇現在的伴侶嗎？還是你想改變？

然後問問自己，為什麼沒讓身邊圍繞著你樂於共處的人？你非得困在這裡不可嗎？你可以教導你深愛的人活得愉快、滿足、有活力、有創意，讓人生充滿樂趣嗎？而那些總是抱怨嘀咕、天天都努力使你心情低落的人，你能教他們正向思考嗎？

也許聽起來很傻，但我每天早上刮鬍子時，都會看著鏡子說：「地球上沒有人能毀了你的今天。沒有人。」即使有人在高速公路上超我的車，即使他內心盤算著「我要去整偉恩・戴爾」，他也奪不走我的這一天。如果有人用言語挑釁我，或不想照我的意思做，或對我態度很差，無論怎樣——這一天都是屬於我的。我不在乎他們是誰或我有多愛他們，我不會讓任何人毀掉我的這一天。一旦你開始練習這樣的心態，過不了多久，你就能成為自己和他人都樂於相處的對象。

要知道，如果你過日子的心態是出於義務感，而不是出於自己的選擇，你就是在奴役自己。別只因為你和某人在一起久了，就一直和他在一起，如果那是你留在他身邊唯一的原因。如果你做某件事是因為「應該」去做、因為所有人都叫你去做，那麼你並沒有聆聽自己的內在訊號。僅僅以義務為基礎的關係，缺乏尊嚴。出於選擇、自由與愛的關係，才是世界上最有尊嚴的關係。

三、**如果你不知道自己至今住在何處，你會選擇住在哪裡？**還是一樣，想像自己不曾住在某個地方，然後仔細看看這個我們稱之為家的巨大地球，問問自己：我想置身何處？

接著自問：是什麼原因讓我不在那個地方？是恐懼嗎？是因為我擔心自己辦不到？擔心自己會失敗、跌個四腳朝天？提醒自己，恐懼只是思考的一個過程。如果你可以在目前身處的地方過得好、感覺成功，那麼你無論在哪裡都能辦到。所以，何不去你選擇去的地方，而不是一直留在某處，只因為你的曾祖父母當年移民而來等原因？

四、**如果沒有時鐘、無法測量時間，你認為你需要多少睡眠時間？**你認為你會睡八小時、十小時嗎？你認為你會把人生的三分之一耗費在失去意識的狀態嗎？

關於人應該睡多久，已有很多相關研究。他們讓受試者住在地下碉堡裡，一次待上數週，不讓他們取得任何可推估時間的參考工具，只有昏暗的燈光，餐點則在不特定時間供應。受試者可以在任何想睡的時候睡，研究人員會監測他們睡了多少時間。你知道人在沒有時間感的情況下，會睡多久嗎？平均每天四．四小時。

原來我們睡眠中的很大一部分，只是因為不知道要做什麼，所以用來睡覺。你也許會想：「我早上何不早點起床？呃，那起床了要做什麼呢？我看我還是留在床上，再睡一下好了。」或者我們會想：「晚上十點了，我應該已經很睏了。」

當然，如果你確實需要睡那麼多，我並不建議你剝奪自己的睡眠，這只是一種練習，讓你因應自己的需求調整睡眠時間，而不是讓生活跟著時鐘、日曆等事物去運轉。

五、如果沒有所謂的用餐時間，你會在什麼時候吃飯？一餐吃多少東西？有多少人一天吃三餐是因為有人供應三餐，或是因為認為應該要吃三餐？或是心想「我現在不餓，但我等一下就會餓了，所以我最好還是把這些食物全部吃下去。」

明白我的意思嗎？我要說的是，請學著根據自己的內在訊號（而不是外在訊號）過日子。在你擺脫任何套在自己身上的日程表之前，這是一個很適合自問的好問題。

大多數人塞了太多食物到自己的身體裡，甚至想都沒多想，尤其是那些不健康、加工、含糖等各種食品。如果你有體重方面的煩惱，別再不假思索地吃光盤子裡的東西，而是仔細咀嚼每一口食物，然後問自己：我還想要更多食物嗎？我的身體需要更多食物嗎？如果答案是否定的，那就停下別吃了。你現在吃的已經足夠了。

六、如果世上沒有金錢這種東西，你會做什麼工作？你的人生每天會做些什麼事情？會從事什麼活動？這是一個耐人尋味的問題。你做著目前的工作，是因為它能讓你餬口？能享有良好福利？還是因為你再做幾年就能退休之類的原因？

如果你為了薪水而做不喜歡的工作，那麼你想做的工作是什麼呢？你最想做的事是什麼？當你找到這個問題的答案，就能想出方法靠這件事賺錢餬口。要知道，無論你對什麼事有興趣，都能靠它維生。地球上有超過七十億人口，無論你做什麼事，都會有相應的需求。任何事都行。

我討厭職涯諮詢指南，主要原因是它試圖讓人落入圈套。這些指南會說：「去學這個，去追求那個，清點一下，然後看看你喜歡哪些事、不喜歡哪些事，然後去做那個工作，待上五十年。」這些指南不教人「天空無限寬廣」。

你可以做任何事，可以在任何你想從事的領域工作。如果你不喜歡你的工作，或你就是不想再做下去了，你可以不做。試著去當運動轉播員、藝術家、音樂家，任何工作都行。與其為錢工作，不如去做那些能讓你獲得內在平靜的工作。

七、如果你不知道自己的年齡，你會是幾歲？（這是薩奇・佩吉[29]提出的問題。）你會是老年？中年？青年？忘了自己的年齡，勇往直前吧。因為老化的過程其實源於你的態度、源於你如何看待自己的人生。

我的看法是，不設限的人有辦法選擇何時死去——他們甚至能做到這一點。我認識一個男人，在他年滿九十七歲的前一天宣布：「活著已經不是我想要的了。明天我就會死。」果然，第二天他平躺下來，閉上雙眼，一生就這樣結束了。有些原住民部落的編年史中也記載著，部落酋長也能做到完全一樣的事。

你要活多久，可以依照自己的選擇，你要活得多充實，也可以依自己的選擇。看看蕭伯納[30]（George Bernard Shaw）和威爾・杜蘭特[31]（Will Durant），他們都活到九十多歲。你可以和他們一樣，隨著年齡增長，仍然多產、成功、興致高昂，或者你也可以變得又老、又疲累、又愛

29 薩奇・佩吉（Satchel Paige, 1906-1982），美國職棒選手，先後進入職棒黑人聯盟與大聯盟，四十二歲時首次以克里夫蘭印第安人隊投手身分在大聯盟出賽，創下大聯盟初登場選手中年紀最長的紀錄。他最後一次出賽時已五十九歲。

30 蕭伯納（George Bernard Shaw, 1856-1950），愛爾蘭劇作家、文學評論與音樂評論家，倫敦政經學院共同創辦人。獲頒一九二五年諾貝爾文學獎。

31 威爾・杜蘭特（Will Durant, 1885-1981），美國歷史學家與哲學家，撰有《哲學的故事》，另與妻子艾瑞兒・杜蘭特（Ariel Durant）共同撰寫《文明的故事》，同獲普立茲一般非虛構著作獎。

抱怨。

你要選擇哪一種老年生活？

八、**如果你的人生今天才開始，你會擁有什麼樣的性格？**你會更有自信、還是更缺乏自信？你會更容易焦慮不安，還是更不易焦慮不安？你會更外向、更內省或更內向？如果今天讓你選擇，你作為一個人的性格，會由哪些元素構成？提醒自己，這正是你每天都在做的事——你的性格是自己選擇的。

九、**如果不能貼任何標籤，你會怎麼形容自己？**我在本書談過這件事，不過如果你當時沒空深入思考，請現在花時間想一想。不要列出自己的年齡、職業、家庭成員、宗教信仰、財產等等，你會怎麼形容自己真正的模樣？

你有辦法不用任何標籤來形容自己嗎？還是你無法超越這些標籤的限制？你可以界定出自己身為一個人的意義嗎？

關於我在本書中討論的內容，上面這些問題是很好的總結。我希望你能知道，無論你是誰，都可以掌握自己的人生。你永遠都能信任自己的直覺，能活得像孩子一樣，能富有創意，能做任何對你來說有意義的事，能像老鷹一般高飛，能過自己夢想的生活。

話題回到伏爾泰。他會頂撞國王和女王，會諷刺嘲弄任何人。伏爾泰的傳記作者用以下這段話描述他，讓我非常有感，希望別人也會用這段話描述我：「首先，他活得生氣勃勃，是個性情中人，比起害怕焦慮，他更害怕無聊。對那些讓生命有更激烈的躍動、擁有更多悸動的人們，他永遠心懷感謝。」

這段話深深引起我的共鳴。如果我的言語、我的文字、我的所作所為，能讓你我的生命有更激烈的躍動、更多的悸動，那就是我的使命感所在。我不再專注於外在動機，而是將重心放在自己的作為與信念。只要我依照自己的使命而活，其他的一切也就圓滿了。它們就是會圓滿。

一切都如此完滿，只要我們停下來去體會。看著很多人自我挫敗的行為，我認為其中自我挫敗最深的，莫過於朝著自己以外的地方去尋求快樂的祕訣。我已經學到，**快樂沒有方法，快樂本身就是方法**。

筆記練習

在筆記裡，寫下你對本章所列問題的答案。之後當你擁有一段不受干擾的時間時，回頭檢視筆記，把所有你寫下的內容全部讀過。從已經閱讀、感受過這本書的優勢，現在，你對自己寫下的東西有什麼感想？你是否覺得自己已真正開始重新構築自己的想法？如果沒有，你認為自己可以如何養成重新構築想法的習慣？

最後，寫下你可能可以怎麼利用你所擁有的一切，讓生命充滿最極致的健康、完滿、喜悅、熱情、成長、寧靜、與愛——也就是你夢想的生活。

為什麼你無法真正的快樂——
運用選擇的力量，找出你的人生使命，成就真實的自己

Happiness Is the Way: How to Reframe Your Thinking and Work with What You Already Have to Live the Life of Your Dreams

作　　者——偉恩．戴爾（Wayne W. Dyer）
譯　　者——李寧怡
封面設計——呂德芬
責任編輯——汪佳穎、張海靜
行銷業務——王綬晨、邱紹溢、劉文雅
行銷企劃——黃羿潔
副總編輯——張海靜
總 編 輯——王思迅
發 行 人——蘇拾平
出　　版——如果出版
發　　行——大雁出版基地
地　　址——231030新北市新店區北新路三段207-3號5樓
電　　話——（02）8913-1005
傳　　真——（02）8913-1056
讀者服務信箱——E-mail andbooks@andbooks.com.tw
劃撥帳號 19983379
戶　　名——大雁文化事業股份有限公司
出版日期——2024 年 3 月 二版
定　　價——400 元
ISBN 978-626-7334-71-3

歡迎光臨大雁出版基地官網
www.andbooks.com.tw
訂閱電子報並填寫回函卡

國家圖書館出版品預行編目 (CIP) 資料

為什麼你無法真正的快樂：運用選擇的力量，找出你的人生使命，成就真實的自己 / 偉恩 . 戴爾 (Wayne W. Dyer) 著；李寧怡譯 . -- 二版 . -- 新北市：如果出版：大雁出版基地發行，2024.03
　面；　公分
譯自：Happiness is the way : how to reframe your thinking and work with what you already have to live the life of your dreams.

ISBN 978-626-7334-71-3(平裝)

1. 自我實現　2. 生活指導　3. 成功法

177.2　　113000951

如果